高速铁路联调联试
探索与实践

王 峰 编著

中国铁道出版社

2011年·北 京

图书在版编目(CIP)数据

高速铁路联调联试探索与实践/王峰编著.
北京:中国铁道出版社,2011.1
ISBN 978-7-113-11987-4

Ⅰ.①高… Ⅱ.①王… Ⅲ.①高速铁路—调试—指南
Ⅳ.①U238-62②U29-62

中国版本图书馆 CIP 数据核字(2010)第 248177 号

书　　名:高速铁路联调联试探索与实践
作　　者:王　峰　编著

责任编辑:曹艳芳　　　　电话:010-51873017
封面设计:崔丽芳
责任校对:张玉华
责任印制:李　佳

出版发行:中国铁道出版社(100054,北京市宣武区右安门西街8号)
网　　址:http://www.tdpress.com
印　　刷:中国铁道出版社印刷厂
版　　次:2011年1月第1版　2011年1月第1次印刷
开　　本:880 mm×1 230 mm　1/32　印张:7.5　字数:209千
书　　号:ISBN 978-7-113-11987-4
定　　价:48.00元

前　言

随着我国“中长期铁路网规划”的全面实施，大规模、高标准的铁路建设促使我们不断探索和总结铁路建设管理经验，适时组织工程推进，全面完成工程静态验收，确保全线按期达到联调联试条件成为建设过程中的关键环节。联调联试是高速铁路开通运营前最为关键的工作项目，通过动车组高速运行状态下对全线各系统进行综合测试，评价供变电、接触网系统设计参数和设备选型的合理性；验证通信、信号、客服、防灾等系统的功能、性能、安全性；验证路基、轨道、道岔、桥梁等结构工程的安全性和适用性；检验各系统接口关系；对全线各系统进行调试，优化各系统的状态和性能，为全线顺利开通提供科学依据。

在铁道部领导下，通过加强专业管理，走专业治理、专业督导、专家论证、专业化技术管理之路，上海铁路局自 2008 年以来先后组织了合宁、合武、甬台温、温福 250 km/h 有砟轨道铁路客运专线和沪宁、沪杭城际 350 km/h 无砟轨道高速铁路联调联试工作，特别是通过沪宁、沪杭城际两条 350 km/h 无砟轨道高速铁路的联调联试，建立了有效协调机制，完善了各项保障制度和措施，形成了较为完善的标准化组织管理体系，为联调联试的顺利进行提供了坚实的基础。

上海铁路局在联调联试组织过程中力求形成标准化、制度化管理，特别是在沪宁、沪杭城际高铁联调联试期间，实行每日例会、计划管理、统一指挥协调及红、黄、白旗积分考核管理制度和动车开行前安全确认等办法，各参建单位和铁路局相关部门坚持以我为主的工作方法，主动工作，突出重点，统筹兼顾，正确把握进度与安全、质量的关系，全面兑现各项目标，取得了较好的效果。

上海铁路局始终贯彻落实铁路建设“六位一体”管理理念，纵深推进标准化管理工作，开展了全方位、全覆盖、逐项、逐公里徒步标准化评定检查，评定出全线标准化示范段、标准化示范工程，总结了高速铁路标准化建设成果，形成了铁路建设工程标准化评定工作指南，为高标准、高质量、高水平建成世界一流的高速铁路、打造世界一流世界高铁品牌进行了有效的探索和实践。

高速铁路联调联试工作实践一书是上海铁路局按照铁道部的管理要求，认真总结合宁、合武、甬台温、温福客运专线和沪宁、沪杭城际高铁等客运专线和高速铁路联调联试全过程组织管理经验基础上编著而成的，可供参考。

目　　录

1 总 则

1.1 本书是根据铁道部高速铁路联调联试的有关规定和高速铁路联调联试及试验运行大纲等要求，结合上海铁路局合宁、合武、甬台温、温福等客运专线和沪宁、沪杭城际高速铁路联调联试的实践编著而成的，内容上力求针对性、完整性、实用性、创新性和指导性。

1.2 考虑到建设工程的连续性和完整性，本书包含了工程推进、静态验收、联调联试、运行试验、动态验收、安全预评估、安全评估、初步验收、开通运营等阶段的管理工作。

1.3 本书可用于铁路局建设管理的新建高速铁路和客运专线工程的联调联试，其他可参考。

1.4 本书共十五章，包括总则、组织机构、工程推进、专业管理、工程评定、联调联试条件、规章制度、专项布置、安全控制、联调联试、问题诊断、试验总结、运营准备、系统完善、工程实例等内容。

1.5 本书涉及的铁路局组织机构包括工程推进、工程验收、联调联试、安全预评估等阶段成立的领导小组、工作组和配合组。

2 组织机构

为保证高速铁路联调联试按期进行，顺利完成建设工程项目各项节点目标，按铁道部相关要求，铁路局应根据工程进展情况，健全组织体系，成立相关组织机构，宜分阶段成立工程推进、工程验收、联调联试、安全预评估等领导小组、工作组和配合组。

2.1 剩余工程推进阶段

1 铁路局在联调联试前2～3个月，应成立由分管工程建设的副局长任组长的工程推进领导小组，全面领导、部署、组织和协调工程推进的有关事宜。

2 领导小组下设若干个工作组。根据工程项目的不同特点，宜设站前工程、站后工程、枢纽工程、附属和绿化工程及施工安全现场推进工作组，负责工程推进各阶段的具体组织、实施和协调工作。

3 各参建单位和铁路局设备管理单位在领导小组的统一指挥下，在工作组的指导帮助下，按照直线职能式模式，成立相应的配合组，负责各项节点目标的具体实施，确保施工期间的安全和质量，并负责做好各项基础性和保障性工作。

2.2 工程验收阶段

1 铁路局在联调联试前1～2个月，成立由铁路局局长和分管工程建设副局长任组长的工程验收及标准化评定领导小组，全面领导、部署、组织和协调工程验收及标准化工程评定的有关事宜。

2 验收领导小组下设若干个工作组，根据工程特点，一般可成立工务、电务、机务、房建土地给排水、环保和综合运输等六个静态验收专业工作组，负责工程验收评定各阶段的具体组织、实施和协调工作。

3 标准化工程评定领导小组下设若干个工作组，根据工程特点，一般可成立路基、桥梁、隧道、轨道、电力、电力牵引供电、通信、信号、房建、绿化等十个工标准化程评定工作组，负责标准化工程评定各阶段的具体组织、实施和协调工作。

4 各相关参建、设备管理、行车组织单位在领导小组的统一指挥下，在工作组的指导帮助下，按照直线职能式模式，成立相应的配合组，负责做好各项基础性和保障性工作。

2.3 联调联试阶段

1 铁路局在联调联试期间，成立由铁路局局长任组长的联调联试领导小组，全面负责联调联试工作的部署、督导以及重大问题的协调工作。

2 领导小组下设联调联试现场指挥部，由铁路局分管建设副局长任总指挥，全面负责联调联试期间的组织协调、试验计划的组织实施、试验列车的统一指挥、施工计划安排、试验列车放行条件确认等工作。

3 联调联试现场指挥部下设综合试验、运输组织、工务、电务、电力电气化、安全保障、综合保卫、工程推进、后勤保障等九个专业工作组，按照专业分工负责的原则全面落实联调联试指挥部下达的各项指令。

4 联调联试现场指挥部下设安全责任包保组，包保组下设若干个安全包保片区，分片建立以中间车站为组长，工务、电务、供电、通信段和铁路公安处组成的各站区安全责任包保体系。

5 铁路局设备管理单位和铁路公安处应成立联调联试工作组，由主要领导任组长，分管领导负责联调联试期间的各项工作，按照联调联试的总体计划，严格落实每日试验安排，精心组织设备整治，严格现场安全保卫，确保联调联试期间的设备状态和运行安全。

2.4 安全预评估阶段

1 铁路局在动态验收合格后，应成立铁路局分管安全副局长任组长，铁路局安监部门负责人任副组长，铁路局总工程师室，运输、安监、客运、机务、工务、电务、车辆、建设、计划、劳卫、房生、职教、信息技术中心，调度所，铁路公安局等有关部门组成的安全预评估组，负责对高速铁路进行安全预评估，提出安全预评估结论和意见。

2　安全预评估组可设安全管理、规章制度、车务、客运、机务、供电、车辆、工务、通信、信号、信息、路外、劳安、治安消防、综合组等安全预评估专业小组，组长由铁路局业务部门负责人担任。

3 工 程 推 进

铁路局应根据项目工程建设实际，在联调联试前的 2～3 个月，成立专门组织机构，全面梳理剩余工程量，制定剩余工程量推进计划安排和责任包保展开表，细化剩余工程量安排，明确各阶段目标，落实专业包保，专人负责，强力推进工程建设，确保联调联试按期顺利进行。

3.1 总体目标

1 确保实现“四通”各阶段性目标。

2 确保实现建设项目按期进行联调联试、试运行。

3 确保建设工程全线按期、按设计要求达到一次性、全功能的开通条件。

4 确保施工期间行车、设备、人身绝对安全。

3.2 组织机构及职责

剩余工程推进前，铁路局、项目管理机构、施工、监理、设计单位和铁路局设备运营管理单位应成立剩余工程推进组织机构，明确参建各方职责，强力推进建设项目剩余工程建设，确保各项工作目标的实现。组织机构框图见图 3.2。

3.2.1 铁路局剩余工程推进领导小组

铁路局应成立由分管建设副局长任组长，铁路局建设管理处、项目管理机构主要负责人任副组长，铁路局总师、安监室，运输、客运、货运、机务、车辆、工务、电务、房生、计统、物资处等部门负责人任组员的剩余工程推进领导小组。主要职责：

1 研究建设项目剩余工程量，部署工程总体推进计划节点。

2 现场督导检查建设项目剩余工程的推进情况。

3 定期召开领导小组全体成员会议，研究解决剩余工程建设推进过程中存在的重大问题，对阶段工作进行安排。

4　对未能按节点目标完成剩余工程推进的单位进行责任追究。

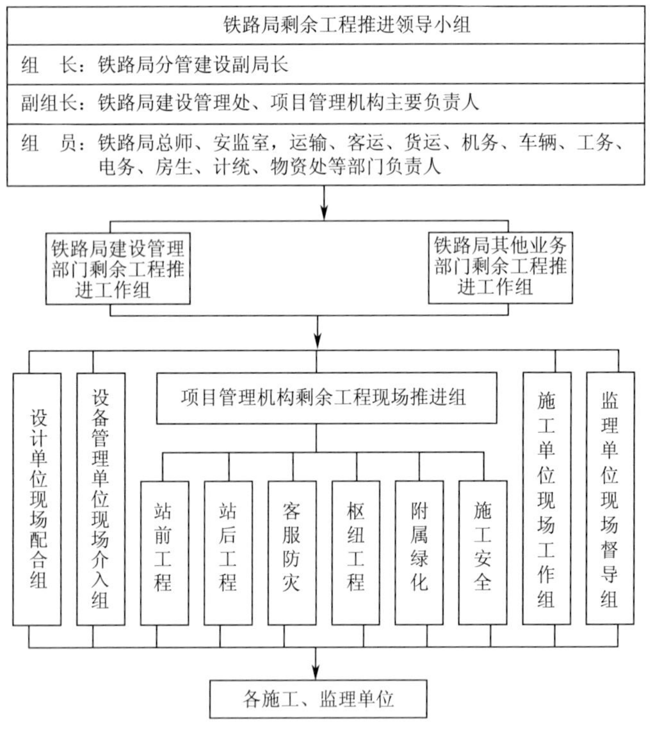

图 3.2　剩余工程推进组织机构框图

3.2.2　铁路局剩余工程推进工作组

铁路局各相关业务部门应成立由分管领导任组长，抽调部门内专门人员任组员的剩余工程推进工作组。主要职责：

1　铁路局建设管理部门

1)组织相关业务部门制定工程建设项目的总体目标，细化阶段性重点目标；

2)梳理、细化剩余工程量，制定剩余工程量推进计划安排和责任包保展开表；

3)检查督导工程建设的进度、安全、质量情况，定期通报工程建设情况；

4)动态掌握现场情况，调整阶段性目标安排；

5)负责协调铁路局其他业务部门的工作；

6)制定责任考核制度，落实奖惩措施。

2 铁路局其他业务部门

1)检查督导工程的进度、安全、质量情况；

2)成立专家治理组，组织攻关施工中产生的技术难题；

3)协调设备管理运营单位提前介入，安排专人过程控制施工质量。

3.2.3 项目管理机构剩余工程现场推进组

项目管理机构应根据联调联试前剩余工程量实际情况，可成立以下现场工程推进工作组。

3.2.3.1 站前工程推进组

主要职责：

1 负责组织铺轨、铺岔、轨道精调、侧向挡块（CRTS Ⅱ无砟轨道)、桥面防水等剩余工程的推进。

2 部署安排站前工程作业计划，统筹协调安排站前各施工单位的人力、设备等资源计划，协调站前与站后施工单位、施工单位与设备运营管理单位和铁路局业务部门的配合工作。

3 及时了解、发现、分析、协调、解决推进过程中遇到的问题。

4 每日对本组施工单位日工作计划兑现情况进行考核，安排次日工作计划。

5 确保轨道工程联调联试前达到设计目标速度值开行条件。

6 确保有关的联络线及各站场到发线达到联调联试条件。

3.2.3.2 站后工程推进组

主要职责：

1 组织通信、信号、电力、电力牵引供电、防灾、站房、雨棚、站台、天桥、地道、客服等剩余工程的推进。

2 部署安排站后工程的作业计划，统筹协调安排站后各单位的人力、设备等资源计划，协调站后与站前施工单位、施工单位与设备运营管理单位和铁路局业务部门的配合工作。

3　及时了解、发现、分析、协调、解决推进过程中遇到的问题。

4　每日对本组施工单位的日工作计划兑现进行考核，安排次日工作计划。

5　确保通信、信号、电力、电力牵引供电达到联调联试条件。

6　联调联试前，确保站房、雨棚、天桥、地道、站台、客服、防灾等影响联调联试的工程全部完成。

3.2.3.3　枢纽工程推进组

主要职责：

1　组织枢纽相关剩余工程的推进。

2　部署安排枢纽相关工程的作业计划，统筹协调安排各施工单位的人力、设备等资源计划，协调站后与站前施工单位、施工单位与设备运营管理单位和铁路局业务部门的配合工作。

3　及时了解、发现、分析、协调、解决推进过程中遇到的问题。

4　每日对本组施工单位的日工作计划兑现进行考核，安排次日工作计划。

5　确保接入枢纽工程及动车所联调联试前达到开通运营条件。

3.2.3.4　附属及绿化相关工程推进组

主要职责：

1　组织防护栅栏、声屏障、桥梁栏杆、电缆槽盖板、站场绿化及站场、路基排水等剩余工程的推进。

2　部署安排附属工程的作业计划，统筹协调安排各施工单位的人力、设备等资源计划，协调站后与站前施工单位、施工单位与设备运营管理单位和铁路局业务部门的配合工作。

3　及时了解、发现、分析、协调、解决推进过程中遇到的问题。

4　每日对本组施工单位的日工作计划兑现进行考核，安排次日工作计划。

5　确保附属及绿化工程联调联试前全部完成。

3.2.3.5　施工安全推进组

主要职责：

1 制定剩余工程推进期间的安全保证措施和自轮运转设备、大型吊装设备的管理办法及紧急预案。

2 部署安排铺轨、挂网期间的工程线管理措施。

3 及时了解、发现、分析、协调、解决推进过程中遇到的问题。

4 每日对现场安全情况进行检查、考核,安排次日安全工作重点。

5 确保剩余工程推进期间行车、设备、人身等安全,实现剩余工程推进期间的安全目标。

3.2.4 施工单位剩余工程推进现场工作组

施工单位应成立由集团公司领导负责的剩余工程现场工作组。主要职责:

1 根据铁路局和项目管理机构的剩余工程推进计划,细化本单位剩余工程工作安排,制定本单位剩余工程量推进计划和责任包保展开表。

2 落实本单位各级人员的管理责任。

3 充分调配集团公司内的各种资源,充分调动一切积极因素,全力以赴推进剩余工程建设。

4 驻点把关,有效协调各种关系,及时破解施工难题。

5 督导本单位按既定的节点目标完成剩余工程推进,强化对工程节点的把控、对各个环节的掌控。

3.2.5 监理单位剩余工程推进现场督导组

监理单位应成立由公司包保领导负责的剩余工程现场督导组。主要职责:

1 每日对施工单位的日计划进行审核。

2 督导施工单位现场推进,每日对施工单位完成的实际工作量进行确认,并形成书面报告报铁路局建设管理部门剩余工程推进工作组。

3 适时调整现场监理人员的专业结构,充实经培训合格的人员,确保人员及专业结构满足联调联试前剩余工程推进实际需要。

3.2.6 设计单位剩余工程推进现场配合组

设计单位应成立由公司包保领导负责的剩余工程现场配合组。主要职责：

1 及时解决剩余工程推进过程发现的技术难题。

2 及时对设计方案的缺陷进行优化，深化细节设计。

3 对工程质量进行检查、督导、帮促。

3.2.7 设备管理单位剩余工程推进现场介入组

设备管理单位应成立由主要领导任组长，分管领导任副组长，抽调专门人员任组员的剩余工程推进现场介入组。主要职责：

1 提前介入，负责做好过程的验收、交接准备工作。

2 协助解决剩余工程推进过程的技术难题。

3.3 重点工作

铁路局应围绕重点工作，提前谋划，制定卡控措施，合理调集资源。各阶段重点工作主要包括以下内容：

3.3.1 轨通阶段

1 铺轨、铺岔、焊联锁定、精调

1)联调联试1个月前，完成正线铺轨、铺岔施工；

2)联调联试25日前，完成正线钢轨焊联锁定施工；

3)联调联试15日前，完成轨道精调施工；

4)站线铺轨、铺岔、钢轨焊联锁定、轨道精调施工和正线同步。

2 联调联试20日前，完成侧向挡块(CRTS Ⅱ无砟轨道)及桥面防水层、声屏障、路基附属及栅栏封闭施工。

3 桥梁电缆槽盖板安装与电缆入槽工作同步。

3.3.2 网通阶段

1 联调联试1个月前，完成接触网承导线和附加导线架设。

2 联调联试15日前，完成接触网悬挂调整施工。

3.3.3 缆通阶段

1 联调联试1个月前，光、电缆敷设，通信设备安装、设备单体调试，视频及动力环境监测、视频摄像机安装、接入网、调度系统、数据网和GSM－R各系统以及系统间的调试。

2 联调联试20日前，电缆槽道铺设，信号设备安装、单体调试。

3 联调联试15日前,信号各子系统室内外联调。

3.3.4 电通阶段

1 联调联试1个月前,牵引变电所、变配电所、基站设备安装及单体试验、外部电源引入、SCADA子系统调试,达到受电条件。

2 联调联试15日前,牵引变电所、变配电所受电。

3 联调联试7日前,网上送电。

4 送电10日前,影响联调联试的站台面铺装、雨棚、天桥、地道等工程施工。

5 送电7日前,建筑限界检查。

6 送电2日前,电力牵引供电工程综合接地复测。

3.3.5 其他重点工作

1 联调联试30日前,完成设备用房、办公用房施工。

2 联调联试2日前,站内静态标识施工。

3 其他不影响联调联试的站房内外装修工程,可在联调联试前完成。

4 室外绿化及场坪等配套工程,可在联调联试开始后同步展开,但要在试运营前3 d内全部完成。

5 客服及相关配套工程设备安装和调试在联调联试期间、试运营前7 d完成。

6 工程推进过程中铺轨机车车辆运行、铺轨作业、吊装作业、接触网调整等重点工作的安全控制。

7 工程推进过程中钢轨焊接、轨道精调、接触网悬挂调整、通信信号设备安装、站房、雨棚等重点工作的质量控制。

8 对枢纽工程和既有线接入接口工程应提前完成,铁路局业务部门在工程建设阶段应提前介入。

3.4 突出问题

铁路局应结合工程项目特点,重点把控剩余工程推进过程中的突出问题。

3.4.1 轨通阶段

1　全线正线铺轨前，应优先安排2～3个站的先期铺轨过渡，解决全线正线铺轨及各种施工车辆的交叉作业问题。

2　统一指挥，统一协调，解决剩余工程推进期间站前、站后工程施工相互干扰的影响。

3　合理安排施工计划，解决季节性气候对钢轨焊联锁定施工的影响。

4　依托铁路局和施工单位集团公司资源优势，充分调集各方资源，解决剩余工程推进期间人员、机械、设备不足的影响。

5　侧向挡块（CRTS Ⅱ无砟轨道）、桥面防水层及声屏障施工、轨道施工应同步推进，消除对接触网施工的影响。

3.4.2　网通阶段

1　科学合理安排作业面，解决接触网与站前工程施工交叉干扰问题，为接触网悬挂调整预留作业时间。

2　轨道粗调宜一次到位，减少接触网悬挂二次调整作业量。

3　避免吊装作业碰伤、损坏接触网承力索和导线。

3.4.3　缆通阶段

1　加强光、电缆临时存放的防护，避免站前工程施工砸坏、砸伤光、电缆。

2　光、电缆入槽后，电缆槽盖板要铺设整齐，避免损坏、损伤电缆槽盖板。

3　设计单位要深化细节设计，消除桥梁段接触网支柱基础占用电缆槽道径路。

3.4.4　电通阶段

1　消除电气安全距离不足的影响。

2　避免地方电力部门牵引变电所送电的制约、影响。

3.5　工作机制

3.5.1　工作例会

1　铁路局应在建设项目剩余工程推进前，组织召开动员部署大会，部署剩余工程推进的总体目标，细化阶段性重点目标，与参建的施工、监理、设计单位签订责任状，明确参建各方职责。铁路局建设管理部门组织铁路局相关业务部门、项目管理机构、参建单位全面梳理剩余工程量，制定剩余工程推进日施工计划表和责任包保展开表，把剩余工程量细化到每一天，把责任落实到每个参建单位、每名管理人员。铁路局宜每半月召开一次剩余工程现场推进会，统筹、协调施工单位与设备运营管理单位和铁路局业务部门的配合，研究解决各阶段推进过程中存在的重大问题，协调部署、安排下一步工作，形成会议纪要，下发至各参建单位。

1)建设项目剩余工程推进日施工计划表可参表 3.5.1—1。

表 3.5.1—1 ________建设项目剩余工程推进日施工计划表

工程项目			施工单位	工程数量			节点工期	工程进展情况	X月份				X月份			
				单位	设计	剩余			1	2	3	…	1	2	3	…
桥梁工程	附属工程	盖板安装						计划								
								完成								
		疏散通道						计划								
								完成								
		桥上声屏障基础						计划								
								完成								
轨道工程	无砟轨道	侧向挡块						计划								
								完成								
	铺轨	铺轨						计划								
								完成								
		焊联锁定						计划								
								完成								
	轨道精调	轨道精调						计划								
								完成								
…	…	…						计划								
								完成								

2)建设项目剩余工程推进责任包保展开表可参表 3.5.1—2。

表 3.5.1—2 ________建设项目剩余工程推进责任包保展开表

标段： 日期：

工程项目			节点工期	施工单位	监理单位	包保责任人			
						施工单位	监理单位	项目管理机构	铁路局业务处室
1. Ⅰ标									
桥梁工程	附属工程	盖板安装	年月日			姓名： 电话：	…	…	…
		疏散通道	…			…	…	…	…
		桥上声屏障基础	…			…	…	…	…
轨道工程	无砟轨道	侧向挡块	…			…	…	…	…
	辅轨	辅轨	…			…	…	…	…
		焊联锁定	…			…	…	…	…
	轨道精调	轨道精调	…			…	…	…	…
…	…	…	…			…	…	…	…
2. Ⅱ标									
…	…	…	…			…	…	…	…
根据实际情况自行增减。									

2 铁路局剩余工程推进领导小组应每天召开工作例会，铁路局相关业务部门、设备接管单位、项目管理机构和施工、监理、设计单位负责人参加会议，听取各推进工作组工作进展情况汇报，深入研究重点项目的工期节点安排，协调各施工界面存在的矛盾，动态调整、部署次日施工计划安排，形成会议纪要(可参图 3.5.1)，下发至各参建单位。建设

项目剩余工程推进日进度统计表可参表3.5.1—3。

表3.5.1—3 ________建设项目剩余工程推进日进度统计表

日期： 天气：

序号	项目	单位	进度	参建单位(标段)					
				Ⅰ	Ⅱ	Ⅲ	Ⅳ	…	全线
1	正线铺轨	单侧公里	剩余总量						
			当日完成						
			累计完成						
			剩余						
2	正线铺轨单元焊	单侧公里	剩余总量						
			当日完成						
			累计完成						
			剩余						
3	正线铺轨锁定焊	单侧公里	剩余总量						
			当日完成						
			累计完成						
			剩余						
4	站线铺轨	km	剩余总量						
			当日完成						
			累计完成						
			剩余						
5	站线铺轨焊联锁定	km	剩余总量						
			当日完成						
			累计完成						
			剩余						
6	盖板	块	剩余总量						
			当日完成						
			累计完成						
			剩余						

续上表

序号	项目	单位	进度	参建单位(标段)					
				Ⅰ	Ⅱ	Ⅲ	Ⅳ	…	全线
7	侧向挡块	孔	剩余总量						
			当日完成						
			累计完成						
			剩余						
8	轨道精调	单侧公里	剩余总量						
			当日完成						
			累计完成						
			剩余						
9	正线接触网挂网	条 km	剩余总量						
			当日完成						
			累计完成						
			剩余量						
10	站线接触网挂网	条 km	剩余总量						
			当日完成						
			累计完成						
			剩余量						
11	接触网精调	条 km	剩余总量						
			当日完成						
			累计完成						
			剩余						
12	远动系统调试	处	剩余总量						
			当日完成						
			累计完成						
			剩余量						

续上表

序号	项目	单位	进度	参建单位(标段)					
				Ⅰ	Ⅱ	Ⅲ	Ⅳ	…	全线
13	分区所.开闭所.通信中心	座	剩余总量						
			当日完成						
			累计完成						
			剩余量						
14	信号电缆	km	剩余总量						
			当日完成						
			累计完成						
			剩余量						
15	车站信号设备	站	剩余总量						
			当日完成						
			累计完成						
			剩余量						
16	防灾监控系统		剩余总量						
			当日完成						
			累计完成						
			剩余量						
17	声屏障安装	延长米	剩余总量						
			当日完成						
			累计完成						
			剩余量						
…	…	…	剩余总量						
			当日完成						
			累计完成						
			剩余量						
根据实际情况增减项目									

沪杭客专联调联试指挥部例会纪要

（第 1 期）

沪杭客专联调联试指挥部　　2010 年 7 月 23 日

7月23日路局王峰常务副局长在嘉善景文华都大酒店主持召开了沪杭客专联调联试准备例会，路局各有关业务处室、各站段，各施工、监理、设计及沪杭客专公司等单位参加了会议。会议部署了沪杭客专联调联试的总体计划安排，并明确了联调联试领导小组及各专业组的职责和分工，研究安排了近期的重点工作，分析了当天施工进度及需要协调的问题，并对次日工作安排。有关要求形成纪要如下：

一、施工现场需要协调解决的问题

1. 施工五标需铺轨单位尽快提供轨道精调作业面。
2. 施工七标余杭南站道砟的运输需协调。

二、路局相关业务处室要求

（一）工务处提出的问题及要求：

1. 通号公司在钢轨打眼时需设置倒角。
2. 各站前施工单位要保存完整的轨道精调原始数据，并作为静态验收依据。
3. 各施工单位抓紧梳理沉降观测资料。

（二）机务处提出的要求：

送电公告要提前一个月发布，沪杭公司要抓紧落实。

（三）建设处提出的要求：

1. 各施工单位每日上报完成的工程量要有详细的里程和位置，监理核对。
2. 沪杭公司六个现场工程推进工作组对剩余工程量进行细化落实，责任到人，做好与站前、站后单位的对接工作，沪杭公司要派专人到现场对接、核实。
3. 由沪杭公司收集整理参加联调联试工作的各路局处

1

图 3.5.1　联调联试日例会纪要

3　项目管理机构剩余工程现场推进组应每日组织各参建单位召开剩余工程推进实施分析会，通报每日检查现场施工进度及安全、质量情况，形成书面报告报铁路局剩余工程推进领导小组。

3.5.2　计划管理

铁路局在剩余工程推进期间，应实行施工单位日计划申报制度。施工单位应在每日向项目管理机构剩余工程现场推进组上报当日计划完成情况，项目管理机构剩余工程现场推进组汇总后形成书面报告报铁路局剩余工程推进领导小组。施工单位在上报当日计划完成情况的同时，应申报次日施工计划。建设项目剩余工程推进日计划统计表可参表 3.5.2。

表 3.5.2 ________建设项目剩余工程推进日计划统计表

<table>
<tr><td colspan="6">标段：</td><td colspan="2">日期：</td></tr>
<tr><td rowspan="2">序号</td><td rowspan="2">项目</td><td colspan="4">当日</td><td colspan="2">次日</td></tr>
<tr><td>计划数量（单位）</td><td>计划地点</td><td>完成数量（单位）</td><td>完成地点</td><td>计划数量（单位）</td><td>计划地点</td></tr>
<tr><td>1</td><td>盖板安装</td><td></td><td></td><td></td><td></td><td></td><td></td></tr>
<tr><td>2</td><td>疏散通道</td><td></td><td></td><td></td><td></td><td></td><td></td></tr>
<tr><td>3</td><td>正线铺轨</td><td></td><td></td><td></td><td></td><td></td><td></td></tr>
<tr><td>4</td><td>正线铺轨单元焊</td><td></td><td></td><td></td><td></td><td></td><td></td></tr>
<tr><td>5</td><td>正线铺轨锁定焊</td><td></td><td></td><td></td><td></td><td></td><td></td></tr>
<tr><td>6</td><td>站线铺轨焊联锁定</td><td></td><td></td><td></td><td></td><td></td><td></td></tr>
<tr><td>7</td><td>侧向挡块</td><td></td><td></td><td></td><td></td><td></td><td></td></tr>
<tr><td>8</td><td>精调小车数据采集</td><td></td><td></td><td></td><td></td><td></td><td></td></tr>
<tr><td>9</td><td>信号电缆</td><td></td><td></td><td></td><td></td><td></td><td></td></tr>
<tr><td>10</td><td>GSM－R 调试</td><td></td><td></td><td></td><td></td><td></td><td></td></tr>
<tr><td>11</td><td>车站信号设备</td><td></td><td></td><td></td><td></td><td></td><td></td></tr>
<tr><td>12</td><td>防灾监控系统</td><td></td><td></td><td></td><td></td><td></td><td></td></tr>
<tr><td>13</td><td>…</td><td></td><td></td><td></td><td></td><td></td><td></td></tr>
<tr><td colspan="8">未完成原因分析：</td></tr>
<tr><td colspan="8">根据实际情况增减作业项目</td></tr>
</table>

3.5.3 统一指挥

铁路局在剩余工程推进期间，应设立临时调度所（可根据剩余工程推进需要，设立分调度所），安排专人 24 h 值班，根据施工单位上报的次日施工计划和行车计划，负责解决铁路局计划申请要点，统一指挥全线各路用列车运行，及时收集、掌握施工计划和施工进度，协调解决交叉、平行作业，提高工程列车的作业效率，强化工程线路用列车运营的安全控制，见图 3.5.3。

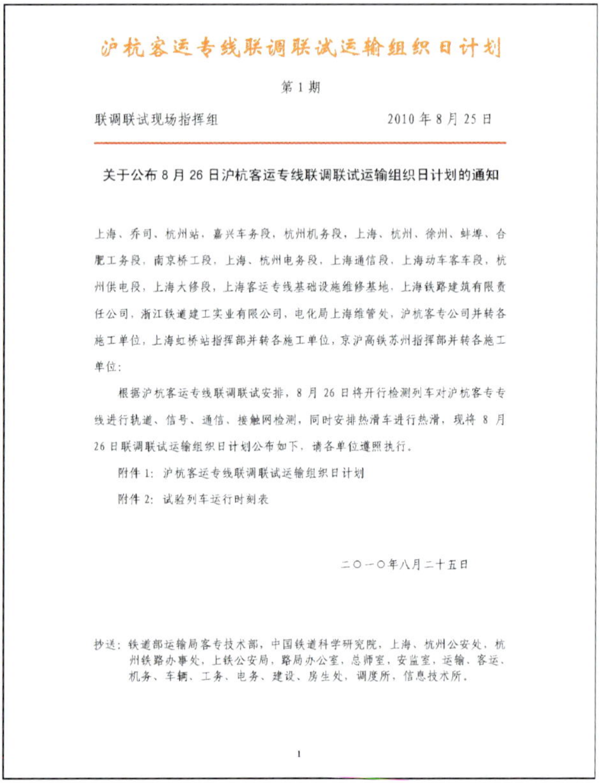

沪杭客运专线联调联试运输组织日计划

第 1 期

联调联试现场指挥组　　　　2010 年 8 月 25 日

关于公布 8 月 26 日沪杭客运专线联调联试运输组织日计划的通知

上海、乔司、杭州站，嘉兴车务段，杭州机务段，上海、杭州、徐州、蚌埠、合肥工务段，南京桥工段，上海、杭州电务段，上海通信段，上海动车客车段，杭州供电段，上海大修段，上海客运专线基础设施维修基地，上海铁路建筑有限责任公司，浙江铁道建工实业有限公司，电化局上海维管处，沪杭客专公司并转各施工单位，上海虹桥站指挥部并转各施工单位，京沪高铁苏州指挥部并转各施工单位：

根据沪杭客运专线联调联试安排，8 月 26 日将开行检测列车对沪杭客专专线进行轨道、信号、通信、接触网检测，同时安排热滑车进行热滑，现将 8 月 26 日联调联试运输组织日计划公布如下，请各单位遵照执行。

附件 1：沪杭客运专线联调联试运输组织日计划

附件 2：试验列车运行时刻表

二〇一〇年八月二十五日

抄送：铁道部运输局客专技术部，中国铁道科学研究院，上海、杭州公安处，杭州铁路办事处，上铁公安局，路局办公室，总师室，安监室，运输、客运、机务、车辆、工务、电务、建设、房生处，调度所，信息技术所。

1

图 3.5.3　联调联试运输日计划

3.5.4　看板管理

铁路局应建立施工形象进度示意图和路用列车运行示意图，实行看板管理，每天一次更新，及时、动态掌控铺轨、单元焊、焊联锁定、轨道精调和接触网承导线架设、悬挂调整工作等重点工作完成情况和路用列车运行情况。施工形象进度示意图和路用列车运行示意图可参图 3.5.4 执行。

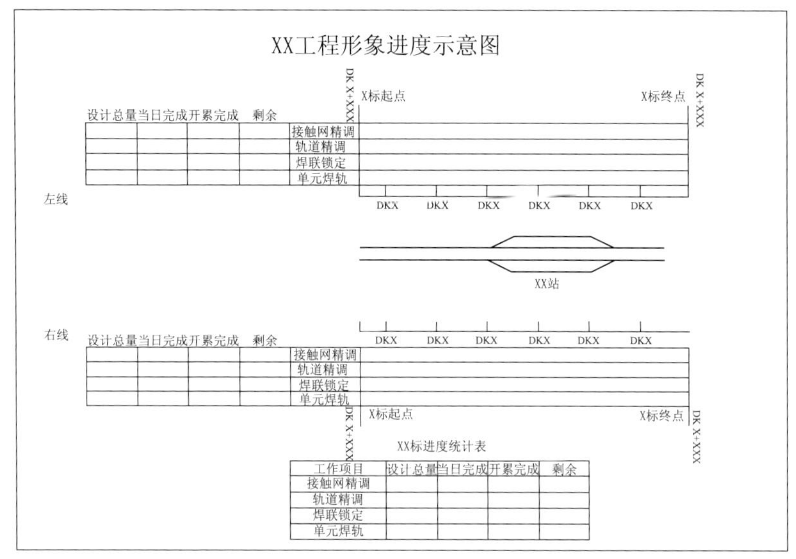

图 3.5.4 ________建设项目剩余工程推进形象进度和路用列车运行示意图

3.5.5 专业分工、专业包保

1 铁路局业务部门剩余工程推进工作组、项目管理机构剩余工程现场推进组、设备管理单位剩余工程推进现场介入组应按专业分工，每天深入现场进行检查、指导，加强站前、站后的施工协调，了解、发现、分析、解决问题，减少交叉作业相互干扰；保证现场协调问题不过夜，处理问题不过夜，确保剩余工程高速度推进、高质量完成。

2 施工单位剩余工程推进现场工作组应按照铁路局统一部署，全天候驻点把关，强化现场技术管理，充分依托集团公司优势，及时抽调和加强具有成熟经验的管理、技术和作业人员，确保人员与设备相匹配，最大限度地满足剩余工程推进需求。

3 监理单位剩余工程推进现场督导组应常住现场，适时调整现场监理人员的专业结构，满足现场施工需要，全天候、全过程同步跟进，严控工程质量，确保施工安全。

4 设计单位剩余工程推进现场配合组应抽调精干人员，及时协助施工单位解决剩余工程推进过程发现的技术难题，优化设计方案，深化细节设计。

3.5.6　责任追究制度

1　责任状管理制度

铁路局可同施工、监理、设计单位和铁路局相关业务部门、项目管理机构、设备管理单位签订责任状，对于剩余工程推进期间出现的质量安全问题严格进行升级处理。对施工、监理、设计单位纳入铁路局工程建设信用评价不良行为记录，直至清退责任人员和责任单位项目经理、总监和限制投标；对铁路局相关业务部门、项目管理机构和设备管理单位可根据铁路局的有关规定严肃处理。

2　红旗、黄旗、白旗评比制度

在工程推进中，铁路局应每日对各施工单位进行综合考评，考评结果及红旗、黄旗、白旗评比制度可与铁路局对施工单位的信用评价挂钩，见图3.5.6。

沪宁城际铁路“迎世博 保开通”每日红、黄、白旗评比结果公示牌

序号	单位	2010年4月																			
		12	13	14	15	16	17	18	19	20	21	22	23	24	25	26	27	28	29	30	31
1	中铁四局站前Ⅰ标																				
2	中铁三局站前Ⅱ标																				
3	中铁十局站前Ⅲ标																				
4	中铁二十四局站前Ⅳ标																				
5	中铁十九局站前Ⅴ标																				
6	中铁十一局站前Ⅵ标																				
7	中交集团站前Ⅶ标																				
8	中铁二局站前Ⅷ标																				
9	中铁电气化局四电集成																				
10	通号公司四电集成																				
11	中铁三局站房Ⅰ标																				
12	中铁建工站房Ⅱ标																				
13	中铁电气化局站房Ⅲ标																				
14	中铁四局铺轨Ⅰ标																				
15	中铁一局铺轨Ⅱ标																				
16	中铁二局铺轨Ⅲ标																				
	说明：	红旗10分，黄旗5分，白旗0分。																			

图3.5.6　每日红、黄、白旗评比

3　监理考核管理制度

铁路局可对现场监理人员进行考核，建立红牌清退、黄牌警告制度，充分发挥监理单位的监控作用。

4 个人鉴定制度

铁路局可根据每阶段的工程推进和协作配合等方面的综合表现，由项目管理机构统一对各施工单位项目经理、监理单位总监理工程师实行鉴定，由铁路局签署意见后反馈给其上级单位。

5 立功竞赛评比制度

铁路局可根据各阶段评比结果，评比标杆工程局、标杆监理公司、标杆项目经理、标杆监理工程师、建设功臣、建设标兵、先进个人等，并由铁路局进行通报表彰。

4 专业管理

在高速铁路开通运营前的各阶段，铁路局各业务部门应加强专业的管理，确保联调联试工作的顺利开展，确保全功能、一次性按期开通。

4.1 主要内容

4.1.1 建设处

1 代表铁路局负责组织推进工程建设。组织审定工期节点计划，建立每日碰头的工作制度，每周定期召开工作例会；紧盯剩余工程，督促施工单位加快工程进度，分析解决存在问题，确保不影响动态检测试验工作。

2 全面检查工程建设和工程质量、施工安全情况，督促落实整改措施；对存在的重大问题向铁路局工程建设领导小组报告。

3 组织工程项目的静态验收、标准化评定工作。对验收评定发现的问题，组织项目管理机构及参建单位整改销号；按照《客运专线铁路工程静态验收指导意见》(铁建设〔2009〕183 号)，组织编写工程综合静态验收报告；参与铁道部组织的专业静态验收审查工作。

4 参与联调联试工作。对动态验收检测试验过程中存在的问题，协调各参建单位及时处理，确保动态检测试验工作有序推进。

5 参与工程安全预评估和评估工作。按照《新建铁路项目安全评估暂行办法》(铁安监〔2008〕53 号)，参与工程项目的安全预评估及安全评估工作。

4.1.2 工务处

1 负责检查工务设备质量。对工务设备存在的重大问题向铁路局工程建设领导小组报告。

2 参与钢轨和道岔的铺设、精调，监督和指导钢轨焊接、打磨和无缝线路锁定等工作。

3 参与并接续结构物沉降观测，对观测资料进行分析；参与精测网(含 CPⅢ网、轨道控制网)复测并做好接管工作;推进路基、隧道、桥梁、线路、安全防护设施、线路标志标记等的实施。

4 参与联调联试前准备工作。负责落实督导相关工务段提前介入后的推进工作,提前研究工务设备运营接管工作;负责督导工务技术资料编制和交接工作;组织工务专业静态验收工作,参与工程标准化评定工作,督促施工单位整改检查发现的问题;组织编写建设工程工务专业静态验收报告;参与铁道部组织的专业静态验收审查工作。

5 参与联调联试实施工作。配合试验主体单位,进行联调联试工务试验。组织工务部门整治此期间发现的设备问题,确保设备状态和质量满足联调联试条件;督促做好联调联试期间工务施工安全管理。

6 参与工程安全预评估和评估工作。对安全评估发现的专业问题,督促落实整改。

4.1.3 电务处

1 负责信号、通信等设备的质量检验监督。组织协调电务工程建设推进和验收过程中存在的问题。对电务设备存在的重大问题向铁路局工程建设领导小组报告。

2 指导信号、通信系统联调联试前的准备工作。负责督导相关电务段提前介入后的工作计划安排;负责研究电务设备运营接管前的问题;对信号、通信系统室内外设备及车载设备安装、调试质量进行检查监督,为电务设备全面达标提供技术指导;负责督导电务技术资料编制和交接工作;组织通信、信号专业的静态验收工作,参与工程标准化评定工作,督促施工单位或设备厂家整改检查发现的问题;组织编写建设工程电务专业静态验收报告;参与铁道部组织的专业静态验收审查工作。

3 参与联调联试工作,组织电务部门整治联调联试期间发现的设备问题,确保设备状态和质量满足联调联试条件;配合试验主体单位,进行联调联试电务试验;督促做好联调联试期间电务施工安全管理。

4 参与工程安全预评估和评估工作。对安全评估发现的专业问题,督促落实整改。

4.1.4 机务处

1 负责组织电力、电气化等设备的质量检验监督；组织协调电力和电气化工程建设推进和验收过程中存在的问题；研究电力和电气化设备运营接管模式；对电力电气化和给排水设备存在的重大问题向铁路局工程建设领导小组报告。

2 指导供变电、接触网系统联调联试前的准备工作；负责督导相关供电段介入后设备整治计划的安排。对供、变电系统安装、调试、送电和接触网架设、安装、冷滑、受电等工作进行检查监督；协调车站给排水工作，配合签订供水协议；对电力和电气化设备全面达标提供技术指导；负责督导电力和电气化技术资料编制和交接工作。

3 组织电力、电力牵引供电专业的静态验收工作，参与工程标准化评定工作，督促施工单位或设备厂家整改检查发现的问题，组织编写建设工程机务专业静态验收报告，参与铁道部组织的专业静态验收审查工作。

4 参与联调联试工作，组织机务部门整治此期间发现的设备问题，确保设备状态和质量满足联调联试条件，配合试验主体单位，进行联调联试试验。督促做好联调联试期间电力电气化、给排水施工安全管理。做好联调联试期间检测列车运行安全控制和检修工作。

5 参与工程安全预评估和评估工作。对安全评估发现的专业问题，督促施工单位落实整改。

4.1.5 运输处

1 负责解决工程建设推进过程中营业线施工计划安排和路料供应问题，对行车设备存在的重大问题向铁路局工程建设领导小组报告。

2 负责督导相关车站介入后的工作安排，检查各项行车设备、设施是否完备，是否满足运输需要；对设备安装、调试质量进行检查监督。

3 参与联调联试前的准备工作；组织运输综合专业静态验收工作，督促施工单位或设备厂家整改检查发现的问题，组织编写建设工程运输综合专业静态验收报告。

4 组织联调联试工作，做好联调联试工作的运输组织和调度指挥。检查车务系统各项行车组织工作及安全措施落实情况。选派干部负责临时调度所工作，确保联调联试顺利进行。督导各车务站段指派行车干部驻点包保把关，按照联调联试有关要求、规定，严格落实各项安全措施，督促做好联调联试期间施工安全管理。

5 参与工程安全预评估和评估工作。对安全评估发现的专业问题，督促落实整改。

4.1.6 总师室

1 组织制定、颁布联调联试期间临时行车组织办法。

2 负责督导全线开通技术资料交接、上报工作，发布 LKJ 等行车基础数据。

3 组织编制高速铁路开通运营技术规章制度。

4 参与联调联试工作。

5 参与工程安全预评估和评估工作。对安全评估发现的专业问题，督促落实整改。

4.1.7 房生处

1 组织解决站房、高站台、雨棚及生产生活用房相关问题，督导各站建筑限界、站房等技术资料的测设及交接、上报工作。

2 负责督导房建设备管理单位介入后的工作安排。

3 组织房建专业的静态验收工作，督促施工单位落实整改检查发现的问题，组织编写建设工程房建专业静态验收报告。

4 参与联调联试工作，参与工程标准化评定工作，组织房建部门整治此期间发现的设备问题，确保设备状态和质量满足联调联试条件。

5 参与工程安全预评估和评估工作。对安全评估发现的专业问题，督促落实整改。

4.1.8 安监室

1 组织落实施工、验收、评估以及开通阶段安全工作的部署和要求。参加营业线施工方案的审查和施工现场的把关工作。

2 监控施工安全，抓好线上作业车辆运行安全，协调解决工程推进中安全突出问题，确保安全平稳可控；对现场监控组和施工督导组下达任务安排，每日安排人员对营业线施工进行安全过程控制。

3 参与联调联试前准备工作，负责编制联调联试、运行试验期间和开通运营安全应急预案,并督促相关单位做好落实工作。

4 参与联调联试工作,负责安全确认工作。

5 组织工程安全预评估工作,参与铁道部组织的安全评估工作。对安全评估发现的问题,督促落实整改。

4.1.9 客运处

1 监督检查客站功能布局、客服设备及布置是否满足客运需要。对客运设备存在的重大问题向铁路局工程建设领导小组报告。

2 对设备安装、调试质量进行检查监督,参与和指导客服系统调试工作。

3 参与联调联试前准备工作,负责编制试验列车的乘务方案。

4 参与联调联试工作,配合试验主体单位,进行联调联试客运设施和客服系统试验;督促做好试验列车乘务服务工作。

5 参与工程安全预评估和评估工作。对安全评估发现的专业问题,督促落实整改。

4.1.10 车辆处

1 负责组织动车检修基地设备的质量检验监督;组织协调动车检修基地建设和验收推进工作过程中存在的问题;对动车检修设备存在的重大问题向铁路局工程建设领导小组报告。

2 参与联调联试前准备工作,负责编制试验列车检修保养方案。

3 参与联调联试工作,配合试验主体单位,按照规定的检修周期做好试验列车检修保养工作,确保试验列车处于良好工作状态。

4 参与工程安全预评估和评估工作。对安全评估发现的专业问题,督促落实整改。

4.2 考核机制

4.2.1 工程推进、静态验收阶段

铁路局相关部门和单位应发挥提前介入的力度,提高效果。各参建单位应发挥工程主体作用。

1 铁路局对有关业务处室纳入铁路局的月度和年度考核。

2 铁路局对项目管理机构实行月度、年度考核,对工程推进不力、

验收整改组织不到位的按照有关规定严格考核。

3 铁路局对设备管理单位纳入对站段的月度、年度考核，在联调联试前可与有关单位签订安全责任状，落实相关负责人的直接责任。

4 铁路局对施工单位实行“红、黄、白旗”日考核制度，并纳入铁路局年度信用评价、建功立业竞赛等考核，并与其签订安全、质量责任状。

4.2.2 联调联试阶段

应突出联调联试现场指挥部的组织领导作用，服从其统一指挥。

1 对指导不力，影响后续工作正常开展的业务处室，铁路局对其纳入月度和年度考核。

2 对联调联试组织不力的项目管理机构，由铁路局对其纳入月度、年度考核，情节严重的，对其负责人予以撤换或行政处分。

3 对试验配合工作不力的设备接管站段，铁路局对其纳入月度、年度考核，并按照签订的安全责任状对直接责任人进行考核。

4 对违规施工，造成不良后果或对试验检查出的问题整改不力的施工单位，铁路局对其纳入信用评价、建功立业竞赛等考核，并按照签订的安全、质量责任状的有关内容对其进行考核。

5 工程评定

5.1 静态验收

5.1.1 验收条件

1 主体工程及其配套工程(包括外部配套工程及设备安装)已按设计文件建成。

2 环境保护设施、水土保持设施与主体工程同步建成。

3 劳动、安全、卫生及消防设施与主体工程同步建成。

4 承包商按有关规范、标准对工程质量和系统功能自检合格。

5 监理、咨询单位对工程质量评定合格。

6 竣工文件已按规定的内容和标准基本完成。

5.1.2 验收依据

1 国家发改委有关项目建议书、可行性研究的批复。

2 国家其他部委有关水土保持方案、用地预审、环境影响报告书的批复。

3 铁道部、省(市)有关项目初步设计的批复、开工报告的批复。

4 项目管理机构同设计单位签订的工程勘察设计合同;与工程承包单位签订的工程承包合同。

5 铁道部有关文件:《关于印发〈铁路铁路客运专线竣工验收暂行办法〉的通知》(铁建设〔2007〕183 号);《关于加强客运专线工务工程专业静态验收工作的通知》(运基线路电〔2009〕1120 号);《客运专线铁路工程静态验收指导意见》(铁建设〔2009〕183 号)等。

6 经批准的初步设计文件(含批准的修改初步设计);经审核合格的施工图(包括经批准的变更设计文件)。

7 铁道部颁布的规章制度、设计规范、工程施工质量验收标准、产品标准等。

8 设备技术说明书;从国外引进新技术或成套设备的,外方提供的设计文件和新技术或成套设备的国家标准等。

5.1.3 验收组织和安排

5.1.3.1 组织机构

铁路局应成立由铁路局局长担任组长的工程验收领导小组,领导小组下设验收工作组。铁路局各验收工作组要抽调足够数量的专业技术人员,各专业人员应包含高速铁路建设技术的专家若干名,所有参加验收人员应经过相关业务知识培训,掌握质量标准、验收程序和要求。

1 铁路局验收领导小组

组长由铁路局局长担任,副组长由分管建设、安全、运输、工电等副局长和项目管理机构负责人担任,组员由铁路局办公(档案)、总师、安监室,运输、客运、货运、机务、车辆、工务、电务、建设、计统、财务、劳卫、房生处,调度所,科研所,信息技术所,铁路公安局,有关办事处,铁道部工程质量监督站区域质监站负责人,参建设计、施工、监理、咨询单位负责人,铁路局各相关设备管理单位负责人担任。

主要职责:

1)贯彻执行国家、铁道部的建设方针、政策、法律、法规、验收标准和有关规定;

2)制定静态验收工作计划;

3)组织审查各种竣工文件、验收资料;

4)对静态验收过程中存在的突出问题及时进行协调,对专业组验收情况进行检查;

5)按照批准的设计文件和国家、铁道部颁发的竣工验收交接办法和质量验收评定标准,负责对验收工程项目设计、施工质量、建设工期、投资控制等综合评定;

6)根据静态验收情况提出并上报静态验收报告;

7)铁道部初步验收和安全评估合格后,决定验收工程项目的交付运营日期和办理转入固定资产日期。

2 静态验收工作组

根据工程特点,一般可成立六个验收工作组。

1)工务工作组

组长由铁路局工务处分管处长担任,副组长由项目管理机构分管领导担任，成员由工务处业务科室、相关工务段及参建设计、监理、施工单位负责人担任。

主要职责：

①组织审查路基、桥梁、隧道、涵洞、轨道等工务专业竣工文件、验收资料。

②对路基、桥梁、隧道、涵洞、轨道等工务设备按竣工验收内容进行工程检查。

③及时提出检查发现的问题，并督促施工单位整改，对重大质量安全问题向验收领导小组报告。

④提交专业验收小组报告，对本专业范围内的施工质量进行评定。

⑤组织审定施工单位提交的开通资料。

⑥做好联调联试的配合准备工作。

2)电务工作组

组长由铁路局电务处分管处长担任，副组长由项目管理机构分管领导担任，成员由电务处业务科室、相关电务段和通信段及参建设计、施工、监理单位负责人担任。

主要职责：

①组织审查通信、信号等专业竣工文件、验收资料。

②对通信、信号等设备按竣工验收内容进行工程检查。

③及时提出检查发现的问题，并督促施工单位整改，对重大质量安全问题向验收领导小组报告。

④提交专业验收小组报告，对本专业范围内的施工质量进行评定。

⑤组织审定施工单位提交的开通资料。

⑥做好联调联试的配合准备工作。

3)电力电气化工作组

组长由铁路局机务处分管处长担任，副组长由项目管理机构分管领导担任，成员由机务处业务科室、相关供电段及参建设计、施工、监理单位负责人担任。

主要职责：

①组织审查供电、接触网等专业竣工文件、验收资料。

②对供电、接触网等设备按竣工验收内容进行工程检查。

③及时提出检查发现的问题，并督促施工单位整改，对重大质量安全问题向验收领导小组报告。

④提交专业验收小组报告，对本专业范围内的施工质量进行评定。

⑤组织审定施工单位提交的开通资料。

⑥做好联调联试的配合准备工作。

4)房建土地给排水工作组

组长由铁路局房生处分管处长担任，副组长由项目管理机构分管领导担任，成员由机务处业务科室、相关房建及给水设备管理单位、参建设计、施工、监理单位负责人担任。

主要职责：

①组织审查房建、站场设施、给排水、暖通、土地等专业竣工文件、验收资料。

②对房建、站场设施、给排水、暖通、土地等设备按验收内容进行工程检查。

③及时提出检查发现的问题，并督促施工单位整改，对重大质量安全问题向验收领导小组报告。

④提交专业验收小组报告，对本专业范围内的施工质量进行评定。

⑤组织审定施工单位提交的开通资料。

⑥做好联调联试的配合准备工作。

5)环保工作组

组长由铁路局计统处分管处长担任，副组长由项目管理机构分管领导担任，成员由计统处业务科室、相关工务段和车站及参建设计、施工、监理单位负责人担任。

主要职责：

①组织审查环保等专业竣工文件、验收资料。

②对环保等专业按竣工验收内容进行工程检查。

③及时提出检查中发现的问题，并督促施工单位整改，对重大质量安全问题向验收领导小组报告。

④提交专业验收小组报告，对本专业范围内的施工质量进行评定。

⑤组织审定施工单位提交的开通资料。

⑥做好联调联试的配合准备工作。

6)综合运输工作组

组长由铁路局运输处分管处长担任，副组长由铁路局车辆处、机务处、信息技术所、总师室、财务处、劳卫处、档案馆、铁路公安局和项目管理机构分管领导担任，成员由铁路局办公室，运输、客运、货运、车辆、财务、劳卫处，信息技术所，铁路公安局，相关车站，参建设计、施工、监理单位负责人担任。

主要职责：

①组织审查客货、机辆、设备、信息、消防、栅栏等专业竣工文件、验收资料。

②对客货、机辆、设备、信息、消防、栅栏等设备按竣工验收内容进行工程检查。

③对档案、财务等归档情况进行验收。

④及时提出检查中发现的问题，并督促施工单位进行整改，对重大质量安全问题向验收领导小组报告。

⑤提交专业验收小组报告，对本专业范围内的工作质量进行评定。

⑥组织审定施工单位提交的开通资料。

⑦做好联调联试的配合准备工作。

3　各参建设计、施工、监理单位和铁路局设备管理单位、铁路公安处应成立静态验收配合组，根据本单位职责，为静态验收顺利实施创造条件，做好保障工作。

4　组织机构详见图 5.1.3。

铁路局工程验收领导小组
组　长：铁路局局长
副组长：分管建设、安全、运输、工电等副局长和项目管理机构负责人
组　员：铁路局办公（档案）、总师、安监室，运输、客运、货运、机务、车辆、工务、电务、建设、计统、财务、劳卫、房生处，调度所，科研所，信息技术所，铁路公安局，有关办事处，质监站负责人，参建设计、施工、监理单位负责人

图 5.1.3

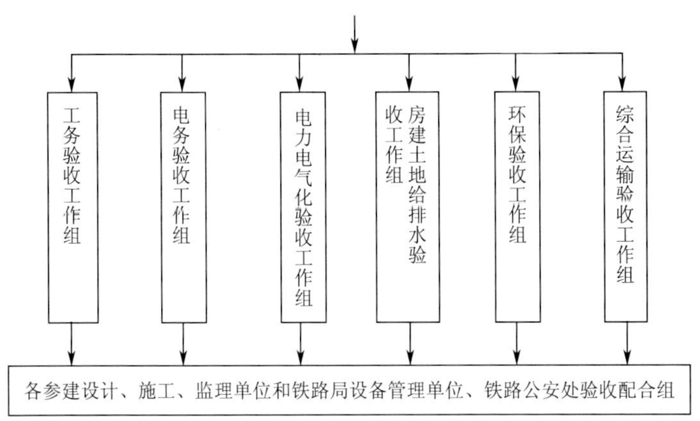

图 5.1.3 静态验收组织机构图

5.1.3.2 验收安排

1 静态验收开始前,项目管理机构应按照铁路局总师室、运输处有关要求,向设备接管单位报送有关技术资料和技术设备使用说明书,同时上报铁路局相关业务处室;其中 LKJ 技术资料经铁路局业务部门审核后上报铁路局总师室和运输处。

2 铁路局应编制静态验收实施方案,并报铁道部运输局、工管中心核备。铁路局静态验收实施方案应包括:验收工程概况;验收单位及人员组成;验收的主要依据;验收需要的资料文件;验收程序与计划安排;主要验收项目、数量;验收方法。

3 铁路局各业务处室、设备管理单位和项目管理机构要制定相应静态验收实施方案,明确本单位、本系统各静态验收专业组的验收安排、验收范围、验收时间、验收负责人等,并落实各单位具体参加验收人员。

5.1.4 验收内容

1 工务方面:路基、桥涵、隧道、站场、轨道、安全防护、精密工程测量、防灾安全监控等工务工程。

2 电务方面:通信工程的通信站以及区间内的信号中继站、GSM－R基站、区段的干线、区段光电缆敷设、站场光电缆敷设及综合布线系统工程;信号工程的区间及站内信号联锁、自闭设备以及列控和CTC系统。

3 电力电气化方面:区间电力工程,配电所及电源线工程,各车站电力工程;牵引变电所工程;接触网工程。

4 房屋土地给排水方面:站房、雨棚、站台、生产及设备用房、土地管理、给排水工程项目。

5 环保水保方面:全线噪声、振动防治工程,污水处理措施的落实情况,取土、弃渣场、临时用地的平整复耕情况。

6 综合运输方面:全线客运、机辆、设备、信息、消防、栅栏等。

5.1.5 验收阶段

5.1.5.1 准备阶段

1 铁路局组织召开静态验收布置会议,铁路局验收领导小组和验收工作组、配合组,各参建设计、施工、监理单位及项目管理机构参加。

2 按照专业分工的原则,铁路局应组织参加验收人员进行相关业务知识培训,提前熟悉工程设计及建设标准。

3 项目管理机构应组织施工、监理单位和集成供应商提供静态验收所必须的相关资料。

5.1.5.2 检查验收阶段

1 各专业验收工作组应对照第5.1.2条列举的静态验收依据,对建设工程和设备质量全面检查验收。

2 静态验收的内容应包括内业检查和外业检查两大部分,内业检查应对内业资料的完整性、全面性进行检查,并对有关内业资料进行重点抽查;外业检查应包括观感质量检查、主要功能和实体质量抽查等。专业验收组的检查方法主要有内业检查、现场检查、抽样验收测试和重点抽查等。

1)检查验收材料、半成品、配件、设备的合格证或进场质量检验报告,室内试验、工艺性试验报告,检验批、分项、分部、单位工程质量检查记录,施工记录(包括影像资料),施工日志,监理与咨询评估报告等资料。

2)检查验收观感质量。

3)对电子设备指标进行抽样验收测试。

4)根据资料验收和现场观感质量验收情况,对重点工程或重要检查项目进行主要功能和实体质量的必要抽查。

3 各专业验收组应根据检查验收情况,分专业编写验收质量问题汇总表。各专业验收工作组应根据子系统(专业)验收情况,对静态综合系统进行验收,编写综合系统验收质量问题汇总表。

4 子系统(专业)验收和综合系统验收情况均要按是否影响联调联试、动态验收和行车安全对质量问题进行划分,明确整改责任单位、整改期限,整改责任单位。

5.1.5.3 复验阶段

1 铁路局各业务处室牵头,项目管理机构对工程质量问题整改落实的推进工作负总责,责任施工单位负责整改落实,经验收领导小组同意后,也可委托设备接管单位整改,必要时设计单位要拿出整改处理设计方案,监理单位和设备管理单位对整改全过程监控。对验收各方共同签认的工程质量问题,整改责任方应在规定的时间内完成整改工作。

2 对影响动态验收和行车(实际运营列车或检测列车)安全的工程质量问题,必须在动态验收(联调联试)前整改和复验完毕。对暂不影响动态验收和行车安全的工程质量问题,应在初验前整改和复验完成。对确实无法达到设计文件和质量验收标准要求的工程质量问题,由设计单位进行检算或委托专业机构检测评估,确认影响程度及整改措施。

5.1.6 静态验收报告编写

1 各专业验收组应编制静态验收专业报告,铁路局应组织编制静态验收综合报告。

2 铁路局在提交静态验收报告之前,项目管理机构应组织编制工程建设情况报告、设计情况报告、咨询工作总结报告、监理工作总结报告等。

5.1.6.1 专业报告

主要内容：

1　工程建设完成情况。

2　新技术、新材料、新结构使用情况。

3　验收组的组成。

4　验收依据。

5　验收过程；包括内业资料审核情况、外业普查情况、重点抽查细验情况、专业机构测试情况、质量问题汇总表并按是否影响动态验收和行车安全对发现的质量问题进行分类。

6　整改复验情况。

7　验收结论；应明确静态各子系统（专业）、静态综合系统是否满足设计要求和验收标准，子系统（专业）、静态综合系统质量是否合格，是否具备或影响联调联试和动态验收条件等。

8　下一步工作安排（对不影响动态验收的质量遗留问题做出继续整改的安排）。

9　编制检查记录和汇总表。

10　专业机构测试报告、检查记录。

11　附表：质量问题分类汇总表。

5.1.6.2　综合报告

主要内容包括：

1　项目建设概况。

2　项目主要技术标准。

3　静态验收依据。

4　静态验收机构组成及成员。

5　子系统（专业）验收和综合系统验收经过、验收范围、验收内容、验收方法、存在问题与整改复验结论，主要分为工务、电务、电力、牵引供电、房屋建筑等子系统（专业）。

6　静态验收结论，应明确静态各子系统（专业）及静态综合系统是否满足设计要求和验收标准，工程总体质量是否合格，是否具备联调联试和动态验收条件等。

1）工务专业静态验收结论

轨道、路基、桥涵、隧道主体工程，精密工程控制测量网、安全防护及其他工程符合设计文件和验收标准，总体质量合格，具备联调联试和动态验收条件。

2)电务专业静态验收结论

信号专业：车站联锁、区间闭塞设备、通信设备合格，具备联调联试和动态验收条件。

通信专业：通信线路、传输及接入网系统、调度系统、GSM－R 系统、数据网、电源系统具备联调联试和动态验收条件。

3)电力及牵引供电静态验收结论

电力专业：符合静态验收质量标准，具备联调联试和动态验收条件。

牵引供电专业：符合静态验收质量标准，具备联调联试和动态验收条件。

4)信息系统静态验收结论

信息工程基本满足设计要求和验收标准，工程质量合格，具备联调联试和动态验收条件。

5)防灾安全监控系统静态验收结论

防灾安全监控系统设备功能正常，具备联调联试和动态验收条件。

6)站房工程静态验收结论

房建设备质量符合相关验收规范和设计文件的要求，具备联调联试和动态验收条件。

7 下一步工作安排。

8 验收记录及附表(验收质量问题汇总表、整改质量问题整改复验汇总表、遗留质量问题汇总表)。

5.1.7 专家组审查

5.1.7.1 审查条件

专家组审查前，铁路局和项目管理机构应提交或组织相关单位提交子系统(专业)验收报告和综合系统验收报告，工程建设、设计、咨询、监理情况等报告，专业机构检测报告，质量监督报告等资料。

图 5.1.7 静态验收审查会

5.1.7.2 审查内容

静态验收报告必须经铁道部组织的专家评审。专家组评审以审查子系统(专业)验收报告和综合系统验收报告等资料为主,并辅以必要的现场检查。经审查后形成审查意见,审查意见应对验收工作做出评价,对工程的静态质量做出结论并提出建议,明确是否通过静态验收和是否具备进行联调联试、动态验收的条件,并在《子系统(专业)验收记录表》、《综合系统验收记录表》签署意见。

5.2 标准化评定

5.2.1 评定依据

1 国家有关法律、法规及国家颁布的相关标准。

2 经批准的初步设计文件(含批准的修改初步设计)。

3 审核合格的施工图(包括经批准的变更设计文件)。

4 经批准的可行性研究报告。

5 设备技术说明书;从国外引进新技术或成套设备的,外方提供的设计文件和新技术或成套设备的国家标准等。

6 工程承包合同。

7 静态验收报告。

8 铁道部颁布的规章制度、设计规范、工程施工质量验收标准、产品标准等。

9 各专业设计规范、施工技术指南、施工质量验收标准。

10 《铁路建设工程标准化评定工作指南》。

5.2.2 评定任务

1 实体质量是否达到标准化工程标准。

2 系统设备的各项指标和功能是否达到标准化工程标准。主要内容包括：

1)子系统匹配关系是否良好，是否满足相关专业之间的技术要求。

2)子系统功能性测试是否满足设计和规范要求。

3)系统设备的各项指标和功能是否满足正式使用条件。

3 内业资料是否齐全、完整、规范，是否达到标准化工程标准。主要内容包括：

1)建设项目施工过程管理文件及招投标文件、监理文件、竣工文件等资料是否齐全、准确。

2)检验批、分项工程、分部工程、单位工程质量验收等记录是否真实准确。

4 各评定单元、单项工程是否达到标准化示范段、标准化工程标准。

5.2.3 评定条件

1 主体工程及基本配套工程(包括外部配套工程及设备安装)已按设计文件建成。

2 工程质量和系统功能自检合格，并提供测试报告。

3 子系统(专业)之间的接口关系正确，子系统(专业)间的匹配关系良好，满足相关专业之间的技术要求并符合有关技术标准的规定。

4 综合接地系统完成安装和检测，符合设计及相关标准的要求。

5 相关工程竣工文件基本完成。

6 系统的技术文件、运用维护手册齐全。

7 各子系统(专业)设备已正常工作，系统设备的各项指标和功能满足设计要求和相关技术标准的规定。

8 子系统静态验收合格，静态验收报告完成。

5.2.4 评定组织和安排

5.2.4.1 组织机构

1 标准化评定领导小组

铁路局成立由分管建设副局长任组长，铁路局建设处、项目管理机构主要负责人任副组长，铁路局安监、工务、电务、机务、房生等业务处室负责人任组员的标准化评定领导小组。日常工作由铁路局建设处负责实施。

主要职责：

1)根据铁路局的统一部署、安排，组织制定标准化评定指导意见。

2)负责研究、制定标准化评定的实施方案和推进计划。

3)部署、安排各阶段的工作。

4)检查、督导项目管理机构标准化评定工作开展情况，及时发现和解决问题。

5)定期召开标准化评定工作专题会议，研究、分析标准化评定工作中存在的问题，制定相应措施。

2 专业评定组

铁路局应根据专业管理、专业包保原则，抽调铁路局业务处室、项目管理机构及设备管理单位的专业技术人员，成立专业评定组。各专业可根据评定范围内的工程数量分若干评定小组开展工作。

主要职责：

1)根据铁路局的统一部署、安排，组织制定本组推进计划，安排各阶段的工作。

2)落实各小组及评定人员职责。

3)根据评定范围内的工程数量，合理划分评定单元。

4)认真开展本组标准化评定工作的推进。

5)协助施工、设备管理单位解决影响试运营或正式运营的技术及其他问题。

6)及时上报日评定记录、阶段评定小结。

7)评定结束后，形成正式评定报告，推荐各单项标准化示范段名单报铁路局标准化评定领导小组。

3 项目管理机构应结合本单位实际，成立由主要负责人任组长，分管领导任副组长，工程、安质、物资等部门负责人任组员的标准化评定领导小组。负责研究、组织制定本单位的评定大纲和实施方案；向铁路局标准化评定领导小组申报本单位标准化评定的各项事宜。

4 组织机构简图见图5.2.4。

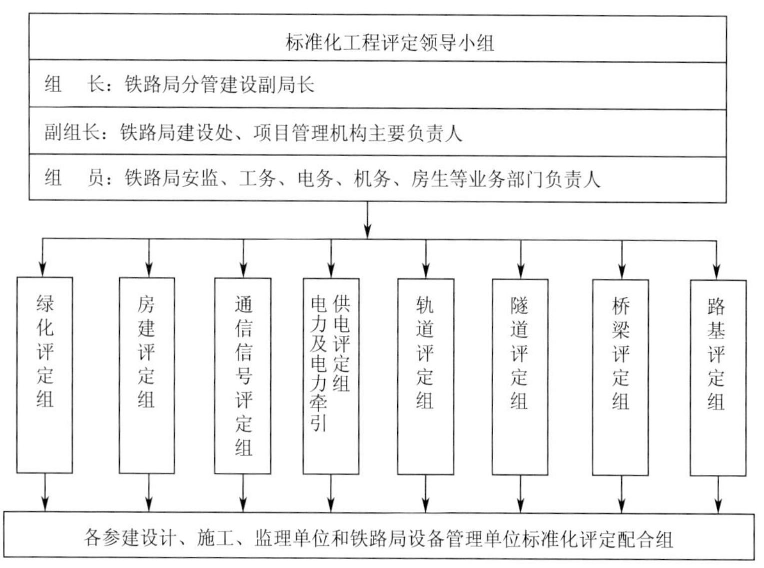

图5.2.4 标准化工程评定组织机构图

5.2.4.2 计划安排

标准化评定前，铁路局应组织做好如下工作：

1 铁路局应组织评定人员熟悉项目建设标准，了解设备使用功能，掌握运营设施及状况。项目管理机构应提供或组织有关单位提供有关工程评定所需资料。

2 组织评定人员进行专项学习。

3 组织制定标准化评定实施方案，各专业评定组编制具体的推进计划。

4 组织相关人员对各专业评定组推进计划进行审核、批准，下发文件后实施。

5 组织全体评定人员召开标准化评定部署大会，明确工作目标、工作要求和相关保障措施。

5.2.4.3 评定程序

1 施工、监理、咨询单位编制标准化评定书面汇报材料，主要内容包括：工程概况，工程特点及施工难点，新技术开发、推广应用，工程质量管理，工程质量情况，工程亮点，施工过程中标准化的执行情况，社会影响，综合评价。

2 施工、监理单位汇报工程建设及质量情况，分项、分部和单位工程质量评定结果及监理单位的评估报告。

3 专业评定组按照标准化工程评定要求对所负责的专业工程项目进行现场抽查。

4 编制核查记录和汇总表，形成阶段性小结和最终评定报告，向铁路局标准化评定领导小组推荐各单项工程标准化示范段、标准化工程。

5 铁路局标准化评定领导小组组织召开标准化评定总结会，听取专业评定组汇报，汇总各方面信息。

6 铁路局标准化评定领导小组召开专题会议，确定各单项工程标准化示范段、标准化示范工程。

5.2.5 评定内容

标准化评定内容应包括内业评定和外业评定两部分。

5.2.5.1 内业

1 施工组织设计、施工方案。

2 技术交底。

3 施工现场质量管理各种检查记录。

4 检验批、分项、分部、单位工程质量验收记录。

5 原材料、设备出厂合格证及进场检(试)验报告。

6 施工试验、电气性能试验报告。

7 施工日志。

8 监理相关记录。

9 设计变更。

10 工序签认表。

5.2.5.2 外业

1 路基

主要对路基及路堑观感质量、路基防排水、封闭层、电缆槽盖板、路堑边坡、路基边坡防护、路基沉降、声屏障、防护栅栏、其他等方面进行检查评定，对隐蔽工程进行抽查。

2 桥梁

主要对墩台身、墩台帽、梁体、桥面、防排水、栏杆、遮板、盖板、防护墙、声屏障、防护设施、应急通道、栅栏、桥下平整、绿化等方面进行检查评定。

3 隧道

主要对洞门的端墙、挡翼墙、排水、截水设施、铭牌、号标、检查梯、扶手、排水沟，洞身的拱部、边墙、隧底、沟槽盖板、施工缝、沉降缝、变形缝、隧道照明以及衬砌、沟槽、排水沟、盲管和边仰坡防护、危岩等方面进行检查评定。

4 轨道

主要对站线、道岔，轨道精调，无砟轨道板、沥青砂浆、侧向挡块（CRTS Ⅱ无砟轨道）、测量标志、线路标志等方面进行检查评定。

5 通信

主要对光电缆敷设、光缆线路性能检测、光缆中继段测试指标、光缆线路防雷与接地等进行检查评定。

6 信号

主要对电、光缆线路敷设、电、光缆及接续、箱盒安装、电缆引入等进行检查评定。

7 电力

主要对基础、变配电所变配电装置、电缆敷设、综合自动化装置、变配电所受电启动及送电开通、接地装置、杆塔组立、室内外配管配线、室外照明、远动电源装置、远动装置、远动系统调试等实体及外观质量进行检查评定。

8　接触网

主要对基础及埋入杆、支柱、地线及拉线、支持结构、承力索和接触线、接触悬挂、设备安装、附加导线、号码、标志等的实体及外观质量进行检查评定。

9　牵引变电

主要对基础及构架、遮拦及栅栏、防雷、接地及回流线、油浸变压器、油浸电抗器及互感器、组合开关、断路器及操作机构、隔离开关、负荷开关及高压熔断器、母线、线夹和绝缘子、电力电缆及控制电缆、直流电源、盘柜二次接线、综合自动化系统、环境安全监测系统、SCADA 系统等的实体及外观质量进行检查评定。

10　房建

主要对基础工程、砌体工程、钢结构、站台限界、吊顶、动静态标识、排水、装饰装修等实体及外观质量进行检查评定。

11　绿化

主要对林相、整地情况、苗木品种、苗木规格、栽植质量、后期管护、成活率等进行检查评定。

5.2.6　评定总结

主要包括阶段性小结和评定报告两个部分。

5.2.6.1　阶段性小结

1　日评定记录。

2　小组阶段评定小结。

3　评定组成员个人阶段小结。

4　评定组阶段性建议。

5.2.6.2　评定报告

1　工程概况

工程概况及技术标准。

2　评定依据

评定的主要规范、标准和资料。

3　评定过程

1)评定组织机构、范围、时间

①评定组织机构:评定领导小组,评定小组及配合单位。

②评定范围:工程数量、工程特点、控制工程及重难点工程等。

③评定时间。

2)评定单元的划分

3)检查方法

4)检查内容及重点

4 评定结论

5 建议

6 附件:各检查记录和汇总表。

5.3 问题整改

铁路局应在静态验收和标准化工程评定期间,成立组织机构,全面推进剩余缺陷问题的整改工作。

5.3.1 组 织

1 铁路局应成立剩余缺陷问题整改推进领导小组,由分管建设副局长任组长,铁路局建设处负责人、项目管理机构主要负责人任副组长,铁路局总师、安监室,运输、客运、机务、工务、电务、房生、计统处,铁路局各相关设备管理单位主要负责人,项目管理机构各分管领导任组员。

主要职责:

1)研究、制定静态验收和标准化工程评定剩余缺陷问题整改推进计划,安排各阶段工作。

2)定期召开领导小组全体成员会议,研究解决静态验收及标准化工程评定剩余缺陷问题整改推进过程中存在的重大问题,对下一步工作进行安排。

3)部署、推进和督导各计划节点完成情况。

2 工作组

根据静态验收及标准化工程评定剩余缺陷问题整改实际情况,铁路局宜成立站前工程、电力电气化工程、通信信号工程、房建工程、客服及防灾相关工程、附属及绿化工程、施工安全等七个工作组。

主要职责：

1)负责对各项工程的检查平推工作。

2)部署安排每日作业计划,负责协调各单位、部门间的配合工作。

3)负责统筹安排各施工单位的人力、设备等资源计划,组织静态验收剩余缺陷整改的推进、检查、确认和销号工作。

4)负责日工作计划的考核工作。

3　组织机构见图 5.3.1。

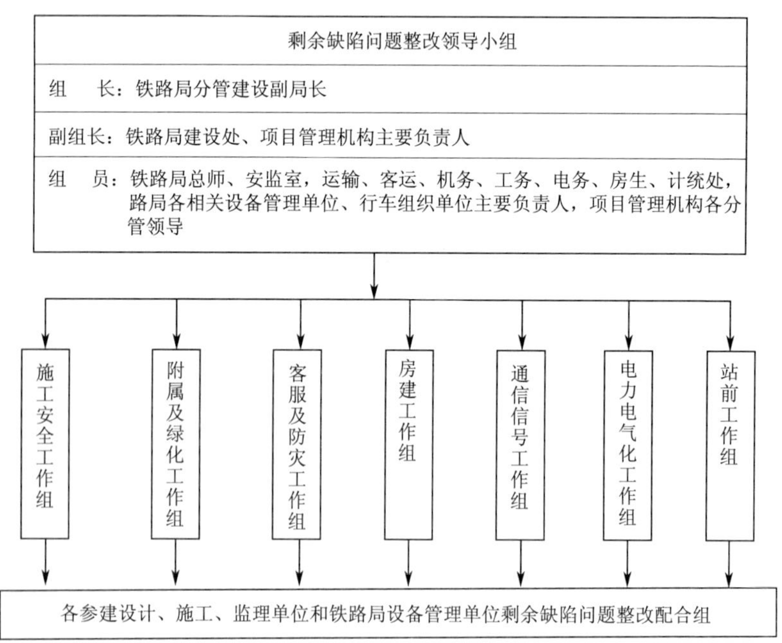

图 5.3.1　剩余缺陷问题整改组织机构图

5.3.2　计划安排

一般可分为三个阶段实施。

1　接触网送电和部轨检车、动检车上线前的缺陷整改。根据静态验收、标准化评定存在问题和设备管理单位检查销号情况,制定推进工作计划,形成统一的剩余问题整改推进计划和责任包保展开表,完成影响送电和轨检车、动检车上线的问题整改。

2 联调联试前的缺陷整改。在联调联试前，完成影响联调联试问题的整改。

3 试运行前的缺陷整改。在联调联试期间，完成影响试运行的缺陷整改。

6　联调联试条件

联调联试是以铁路开通运营时一次性达到设计速度为目标，在动车组高速运行状态下对全线各系统进行综合测试、调试，优化各系统的状态和性能，检查工程在规定速度范围内的工作状态，确定其功能是否达到设计要求和相关技术标准，是对建设成果的综合检验，为铁路的顺利开通提供科学依据。

6.1　组织及制度

6.1.1　组织机构

为保证铁路联调联试按期顺利进行，按铁道部相关要求，根据项目进展情况，铁路局应成立联调联试领导小组、工作组和配合组。

1　领导小组

铁路局应成立联调联试领导小组，铁路局局长任组长，分管建设、运输、机务、工电、公安等副局长任副组长，铁路局总师、安监室，运输、客运、货运、机务、车辆、工务、电务、建设、房生处，调度所，投资中心，信息技术所，铁路公安局主要负责人任组员，负责联调联试工作的部署、督导以及重大问题的协调。

领导小组下设联调联试现场指挥部，分管建设副局长任总指挥，铁路局运输处、项目管理机构负责人任副指挥，铁路局总师、安监室，客运、机务、车辆、工务、电务、建设、房生处，调度所，投资中心，信息技术所，铁路公安局，设备管理单位负责人任组员，全面负责联调联试期间的组织协调、试验计划的组织实施、试验列车的统一指挥、施工计划安排、试验列车放行条件的确认等工作。

2　工作组

1）联调联试现场指挥部下设综合试验、运输组织、工务、电务、电力电气化、安全保障、综合保卫、工程推进、后勤保障等九个专业工作组，按照专业分工负责的原则全面落实联调联试指挥部下达的各项指令。

2）联调联试现场指挥部下设安全责任保包组，可成立若干个安全包保片区，分片建立以中间车站为组长，工务、电务、供电、通信段和铁路公安处组成的各站区安全责任包保体系。

3)铁路局设备管理单位和铁路公安处应成立联调联试工作组，主要领导任组长，分管领导负责联调联试期间的各项工作，按照联调联试的总体计划，严格落实每日试验安排，严格现场安全保卫，精心组织设备整治，确保联调联试期间的设备状态良好和运行安全。

3　配合组

项目管理机构应成立联调联试现场配合组，由各分管领导任组长，负责督促施工单位、集成商全面落实联调联试的各项配合工作，组织对联调联试区段固定设备检查、整治，安排施工现场、线路、桥涵、隧道、栅栏、应急疏散通道等围护看守工作，确保设备质量和施工安全。

设计、施工、监理单位要针对联调联试指挥部的统一部署，成立相应配合组，在项目管理机构的组织下做好各项保障性工作。

4　组织机构简图见图 6.1.1。

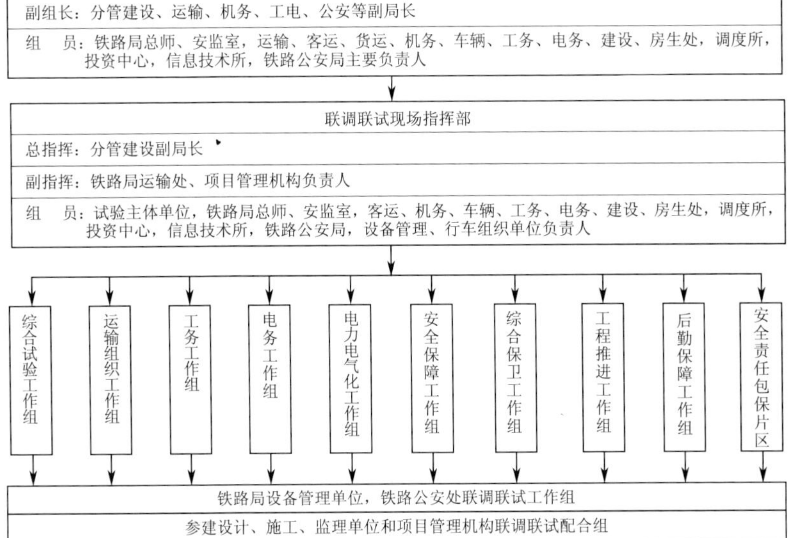

图 6.1.1　联调联试组织机构简图

6.1.2 职责分工

6.1.2.1 铁路局

负责联调联试的组织实施，组织联调联试试验大纲的编制、初审、上报工作，按铁道部批复的联调联试及运行试验大纲制定实施方案和列车运行计划，组织人员编写试验报告。

6.1.2.2 铁路局业务处室

1 制定行车组织、设备使用和维修、施工管理、安全管理等规章、制度、办法和措施，以及设备故障和事故情况下的应急处理预案和办法、应急救援方案等。

2 在试验前确认试验条件，全面负责行车组织、施工管理以及试验期间的安全防护与保卫工作。

3 全面负责试验列车和车辆的整备维修工作，确保上线运行的试验列车和车辆始终处于良好状态。

4 组织完成相关行车设备的整治精调，对设备调试、问题整改和系统优化等计划进行统筹安排和指导。

5 协调解决联调联试相关问题，检查督导计划执行情况，对试验项目安排进行合理调整。

6 组织项目管理机构做好剩余工程的推进，并做好质量问题缺陷纠缺的督促工作。

7 组织专业静态验收、安全管理及标准化评定等工作，并在铁路局的统一安排下做好联调联试配合工作。

6.1.2.3 项目管理机构

1 负责组织设计单位提供相关技术资料。

2 参加编制联调联试及运行试验大纲、实施方案、试验报告。

3 负责完成剩余工程的施工组织。

4 在铁路局组织下，委托试验主体单位开展试验工作，安排施工单位或集成商配合试验工作，对线桥隧设备、通信、信号、电力及电力牵引供电、客服系统及防灾安全监控系统等进行整治、调整和优化，达到联调联试及运行试验大纲的要求。

5 负责安排施工现场安全管理，在试验期间组织相关人员配合进行安全防护,并督促各施工单位、集成商落实,确保设备质量和施工安全。

6 负责后勤服务保障工作。

6.1.2.4 设备管理单位

1 负责对联调联试区段固定设备的日常检查、监控、维修,确保固定设备性能完好;服从联调联试指挥部的统一指挥,按照试验检测的结果和阶段试验项目及时配合督促工程单位做好问题整改。

2 负责做好联调联试期间安全保卫工作的具体实施,配合并督促工程施工单位对施工现场、线路、桥涵、隧道、栅栏、应急疏散通道等进行严格看守。

3 配合做好联调联试及运行试验的工作。

6.1.2.5 设计单位

1 负责提供相关技术资料,配合完成联调联试工作。

2 负责完成联调联试期间所需的设计优化工作。

6.1.2.6 施工单位

1 站前施工单位

1)负责对联调联试区段所施工项目固定设备的检查、整治。

2)服从联调联试指挥部的统一指挥,按照试验检测的结果和阶段试验项目及时做好问题整改。

3)会同铁路公安部门做好联调联试期间安全保卫工作,对施工现场、线路、桥涵、隧道、栅栏、应急疏散通道等关键处所进行严格看守。

4)做好联调联试的相关配合工作。

2 铺轨施工单位

1)负责正线轨道、道岔及车站发线等设备状态的调整。

2)服从联调联试指挥部的统一指挥,按照试验检测的结果和阶段性试验项目及时做好问题整改。

3)做好联调联试的相关配合工作。

3 站房施工单位

1)负责对联调联试区段所施工项目固定设备的检查、整治。

2)服从联调联试指挥部的统一指挥,按照试验检测的结果和阶段试验项目及时做好问题整改。

3)会同铁路公安部门做好联调联试期间安全保卫工作,对站房施工现场进行严格看守。

4)做好联调联试的相关配合工作。

4 “四电系统”集成商

1)负责“四电系统”设备状态调整。

2)服从联调联试指挥部的统一指挥,按照试验检测的结果和阶段性试验项目及时做好问题整改。

3)负责提供短路试验所需的接触网作业车、断路器、遥控器、短路线和备品等设备材料,负责实施短路试验。

4) 做好联调联试的相关配合工作。

5 客服系统承包商

1)负责客运服务系统的安装与设备状态调整。

2)服从联调联试指挥部的统一指挥,按照试验检测的结果和阶段性试验项目及时做好问题的整改。

3)做好联调联试的相关配合工作。

6 防灾安全监控系统承包商

1)负责防灾安全监控系统的安装与设备状态调整。

2)服从联调联试指挥部的统一指挥,按照试验检测的结果和阶段性试验项目及时做好问题的整改。

3)做好联调联试的相关配合工作。

6.1.2.7 监理单位

主动协调各方,加强现场检查,督促施工单位、集成商及时落实问题整改,确保设备质量和施工安全。

6.1.2.8 试验主体单位

1 负责联调联试及运行试验大纲的编制,参加联调联试实施方案、列车运行计划等的编制。

2 按照铁道部批准的联调联试及运行试验大纲,组织完成全部测试工作。

3 在试验过程中,对检测设备的工作状态和运行安全进行检查,确保运用状态良好和设备安全。

4 根据检测情况提出行车要求、保证试验安全。

5 根据检测结果提出整改和优化方案。

6 整理分析相关试验数据，编写试验报告。

6.1.3 制度及其他

1 联调联试前，铁路局应制定并颁布相关行车组织、设备使用和维修、施工管理、安全管理等规章、制度、办法和措施，以及设备故障和事故情况下的应急处理预案和办法、应急救援方案等（详见第7篇）。

2 各项测试、试验用仪器、设备应准备妥当，并完成校准。

3 联调联试所需技术资料应准备齐全。

6.2 指导性文件

6.2.1 联调联试和运行试验大纲

6.2.1.1 定义

联调联试和运行试验大纲（以下简称试验大纲）是在联调联试和运行试验开始前，由铁路局、项目管理机构会同试验主体单位编制的，指导联调联试和运行试验全过程工作的纲领性文件。

6.2.1.2 编制时间

宜在联调联试2个月之前完成定稿、报部审查工作。

6.2.1.3 编制程序见图6.2.1。

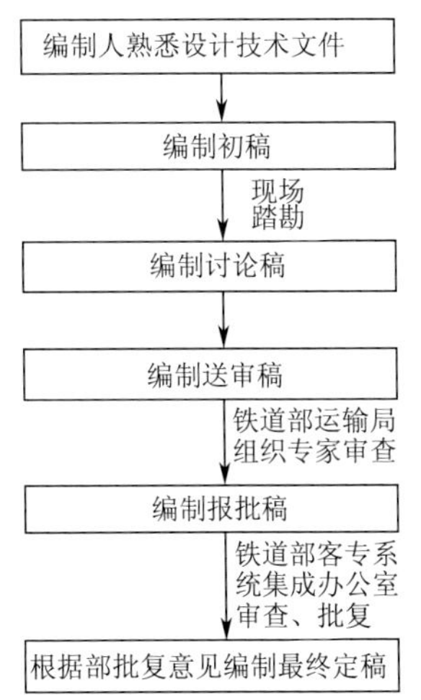

图6.2.1 试验大纲编制流程图

6.2.1.4 主要内容

1 试验大纲包含的主要内容有：联调联试和运行试验的目的、区段和试验列车，系统和分系统联调联试，运行试验，时间安排，现场组织机构和分工，前提条件等。

2 铁路局运输处会同试验主体单位编制试验列车组织安排；试验主体单位主要编制试验项目、方法、流程图及需铁路局相关业务处室配合的工作;铁路局和项目管理机构编制确保联调联试和运行试验顺利开展的组织机构、措施等内容。

6.2.2 动态验收检测实施方案

6.2.2.1 定义

动态验收检测实施方案(以下简称检测实施方案)是指在试验大纲及审查意见的基础上,依据铁道部《客运专线铁路工程竣工验收动态检测指导意见》(铁建设〔2008〕7 号)的有关规定,由铁路局编制的指导联调联试各阶段、各专业工作的操作性文件。

6.2.2.2 编制时间

宜在联调联试开始前 0.5~1 个月前,在联调联试试验大纲批复后完成。

6.2.2.3 有关要求

1 主要内容:试验目的、区段和试验列车;系统联调联试;运行试验;组织机构;检测试验总体安排;安全措施;工作机制等。

2 检测实施方案要报送至铁道部运输局、建设司、工管中心、科技司、工程质量安全监督总站,并发至参与联调联试和运行试验的各相关单位。

6.3 前提条件

联调联试开始前应具备以下条件:

1 联调联试和运行试验大纲已经铁道部批准,检测实施方案已编制完成。

2 在试验动车组上线之前,铁路局应会同项目管理机构、试验主体单位按照铁道部《新建客运专线使用综合检测列车试验运行技术条件》(运技综合〔2009〕96 号文)的要求,确认试验检测列车上线条件,并向铁道部提报试验检测列车上线申请。

3 正式联调联试应在工程完成静态验收、确认具备进行联调联试条件后组织实施。根据铁道部《关于认真做好高速铁路和客运专线铁路联调联试前提条件有关工作要求的通知》(铁建设〔2010〕67 号)的要求,组织完成对基础工程、站后专业及站房等系统的静态验收工作后,并根据轨检车、动检车的检测报告,对全线轨道、信号和接触网存在的缺陷完成整改，具备联调联试条件后，由铁路局向铁道部申请正式开展联调联试工作。

4 相关工程竣工图纸和牵引供电、电力供电、通信、信号系统技术文件、运用维护手册基本齐全，承包商或集成商对工程质量和系统功能自检合格。

5 基础工程

1）路基、桥涵、隧道、轨道等影响联调联试工作的主体工程及其配套工程、精密工程控制测量等已完工。

2）轨道状态已进行调整，轨道静态几何尺寸符合轨道铺设精度要求；利用轨道检查车进行最高时速 160 km 检测时，按时速 200～250 km客运专线轨道动态管理标准评判，不得存在Ⅲ级及以上偏差。

3）无砟轨道表面应干净，不得有任何可动物体；有砟轨道道砟应符合相关技术标准，道床应满足其状态参数指标要求，铺设Ⅲ型混凝土枕地段道床顶面应与轨枕中部顶面齐平，岔枕等其他轨枕地段的道床顶面应低于承轨面 3 cm，轨枕、岔枕顶面上严禁有道砟、木头等可动物体。

4）区间和车站限界应满足铁路建筑限界标准要求和动车组上线要求。

6 电力及牵引供电工程

1）变（配）电所、AT 所、分区所等工程质量和系统功能自检合格。

2）牵引供变电子系统所有设备安装、电缆接续完毕，单体试验、子系统调试完成，各项功能指标和安全措施符合设计及相关规范要求；牵引供电设备带电运行。

3）接触网子系统完成所有安装、架设和调整工作，完成冷滑和热滑试验，达到设计及相关规范要求，各项安全措施符合设计及相关规范要求。

4）电力子系统所有设备安装、电缆接续完毕，单体试验、子系统调试完成，各项功能指标和安全措施符合设计及相关规范要求。

5）牵引和电力供电远动（SCADA）子系统所有设备安装、电缆接续完毕，各功能项目已完成调试，相关指标符合设计及规范要求。

7 通信信号工程

1)GSM－R 电磁干扰清除工作基本完成，通信系统各子系统内部调试已经完成，符合设计要求，系统运行正常。

2)集成商在 CTCS－3 级列控系统联调联试之前基本完成 GSM－R 网络优化。

3)车站联锁已具备开通条件，道岔已不需加锁。

4)轨道电路工作稳定、载频、码序和信号显示正确，应答器安装位置正确、数据完成低速测试，列车运行控制系统及其接口完成调试。

5)CTC 系统基本具备列车追踪与监视功能并实现人工和自动进路办理条件。

6)信号系统内部调试已经完成，符合设计要求、系统运行正常。

8　客服系统工程

票务系统、旅客服务等系统设备安装已完成，可以开始进行调试或系统调试完成。

9　房屋建筑工程

1)生产设备用房的室内设备工作环境(包括温度、湿度、防尘、照明等要求)和电磁兼容、防雷及接地等符合设计及相关标准的要求。

2)其他建筑的主体结构完成，基本达到设计及相关规范要求，各项安全措施符合设计及相关规范要求。

10　综合接地系统完成安装和静态试验，符合设计及相关标准的要求。

11　防灾安全监控系统完成软硬件设备安装，可以开始进行调试或系统调试完成。

12　线路防护栅栏安装完毕。

13　对于不影响联调联试工作和行车安全的相关工程，可适当延后并在联调联试期间陆续完成，但必须在初步验收前全部完成。

14　联调联试期间，动车组能进入就近的动车运用所，进行检修、保养工作，保证列车的良好技术状态；相关的联络线条件应能满足动车作业条件。

15　测试试验单位将所有检测设备的技术状态和检定校准情况报铁道部。

7　规章制度

联调联试前，铁路局要组织制定和颁布与联调联试有关的行车组织、设备使用和维修、施工管理、安全管理等规章、制度、办法和措施，以及设备故障和事故情况下的应急处理预案和办法、应急救援方案等，确保联调联试期间的行车安全和设备安全。

7.1　运　输　处

7.1.1　运输工作组实施细则

主要内容：

1　工作职责

1)负责试验列车编组、运行组织，停放、列检等工作。

2)按铁道部批准的试验计划编制试验列车运行图，并根据试验情况及时调整。

3)根据试验大纲要求制定非正常情况下的特定行车办法，负责试验列车的运行指挥和协调工作，并且负责本系统作业人员的安全。

2　主要工作

1)铁路局运输处应指派专人全程参与联调联试工作，检查车务系统各项行车组织工作及安全措施落实情况。

2)调度所应指派干部负责盯台，确保联调联试顺利运行。

3)车务站、段应指派行车干部蹲点包保把关，按照联调联试及运行试验有关要求、规定，严格落实各项安全措施。

4)铁路局运输处、调度所及有关车务站段应落实专人负责收集、梳理、汇总实施情况和出现的各类问题。

3　主要措施

1)联调联试期间应严格按照《铁路客运专线技术管理办法》、《联调联试及运行试验大纲》及相关规定对试验列车进出动车所和车站进行盯控、把关，明确各项安全措施。

2)试验列车开行期间,应建立施工人员进出车站管理制度,指派现场安全防护员、驻站联络员;建立施工机具管理制度,建立施工计划管理制度,严禁无计划运行、无计划施工、超范围施工。

3)车务单位应严格按照行车指挥组的布置,严格执行有关规章制度,加强作业人员的应急处置培训和预案制定,确保应急处置的安全。

4)车站应加强站场全封闭管理,试验期间严禁闲杂人员进入站场。

5)试验列车开行时段,因设备故障需上道作业时,应得到联调联试现场指挥组的批准,严格落实申请、联系、确认制度。

6)试验列车接发进路邻线严禁一切调车作业,车站停留车辆应严格按照规定采取防溜措施,并落实专人检查、确认;施工车辆的防溜工作由施工单位负责,试验列车开行前车站要落实专人进行确认。

7.1.2 运输组织指导方案

主要内容:

1 应明确联调联试及运行试验时间,宜采用试验日计划明确联调联试开始时间、具体时间、内容等有关要求。

2 应明确联调联试及运行试验区段。

3 应明确相关设备及技术资料,以项目管理机构提交的相关技术资料和铁路局总师室公布的行车基础数据为准。

4 应明确试验列车编组、车次及存放地点,可参照以下内容:

1)检测列车

①机车和车辆应满足最高运行速度 160 km/h 的要求。可采用以下列车编组:内燃机车+电务检测车(铁路局)+综合检测车(试验主办单位)+隔离车(客车底)+内燃机车。

②牵引机车:由____机务段担当,机车应装备综合无线通信设备(CIR)。

③列车车次:如 J55011,读作“检 55011 次”。

④车底存放:检测列车车底存放____站。

⑤检测列车由____动车客车段指派车辆乘务员随车;如途中需进行调整编组调车作业时由相关车站指派调车作业人员,按有关作业规定执行。

⑥检测列车安排进____客技站，由____动车客车段安排人员进行检测及对电务检测车、综合检测车、隔离车进气口进行清理。

2)试验动车组

①采用安装轨道检测、接触网检测、通信检测、动力学性能检测设备和CTCS－3级ATP车载设备的动车组进行单列动车组系统速度试验、动车组重联、交会试验和CTCS－2级、CTCS－3级列控系统的调试、基本功能测试。

②可采用200～250 km/h的动车组进行跨线列车适应性试验。

③可采用不同数量的动车组进行运行试验(同时进行供电能力试验)；宜采用配属到位的本线动车组进行满图行车试验。

④列车车次：如G55205，读作“高55205次”。

⑤列车存____站，应根据需要安排进动车所进行检修。

⑥司机由____机务段担当，随车机械师由____车辆段担当，客运乘务工作由____客运段担当。

5 应明确有关作业组织时间标准

1)单组试验动车组列车在车站或区间折返时的停车时间宜为10 min，重联试验动车组列车在车站或区间折返时的停车时间宜为15 min，检测列车在车站调整编组及折返停车时间宜为60 min。

2)铁路局车务、机务、车辆、电务等部门及试验主体单位应根据此时间规定，合理安排作业人员数量、作业内容和程序，确保试验列车在规定时间内完成作业组织。

6 铁路局应发布联调联试期间客运专线或高速铁路联调联试及运行试验行车办法。

7 应明确行车组织内容

1)联调联试前，施工单位应根据联调联试现场指挥部的布置，按照工务设备(站内线路、道岔，区间线路设备)、信号设备(信号、联锁、闭塞等)、调度集中设备、牵引供电设备、电力设备、通信设备分别在车站《行车设备检查登记簿》上登记，明确设备已满足联调联试及运行试验要求，设备管理单位应进行确认，车站值班员进行签认，设备管理方可转入联调联试及运行试验状态。

2)联调联试期间,项目管理机构应协调、统筹、督促施工单位继续做好设备安全管理、缺点克服、施工作业、现场控制等工作;铁路局相关站段和业务处室按照分工安排,落实相关安全责任。

3)联调联试期间,应按照铁路局公布的联调联试及运行试验施工安全管理办法的要求,提报相关施工计划,明确作业项目、时间、地点和范围,落实相关安全措施。

4)应根据试验推进情况,每日在铁路局局域网通知栏公布次日试验日计划。

5)铁路局应成立临时调度所,设置列车调度员、供电调度员,明确管辖区段、岗位职责以及与铁路局调度所的分工、联系方式等。

6)列车调度员应根据试验列车运行计划及时下达、布置有关命令及指示。车站应严格按照计划办理接发列车、调车等作业。如试验列车需进入既有线运行时,临时调度所列车调度员应提前与铁路局调度所列车调度员取得联系,确保试验顺利进行。

7)联调联试区段的车站应设置站长、车站值班员、助理值班员等人员,配备道岔钩锁器、书面行车凭证、信号旗(灯)、行车簿册等行车备品及行车规章。

8)车务站段应加强联调联试及运行试验期间的行车、劳动安全管理,指派熟悉行车业务的干部包保,加强试验列车开行时段以及施工作业期间的安全监控。试验列车开行期间,设备管理单位、施工单位应指派专业人员在行车室值守,并随时做好应急处置。

9)联调联试区段的施工、设备管理单位作业期间,应严格服从车站组织,各项作业按照营业线的有关规定办理。

10)试验列车运行组织应由车上行车指挥长统一负责,发车前由行车指挥组确认参试人员上车完毕后通知关闭车门,具备发车条件后,司机根据行车指挥长的命令开车,车站应及时与司机进行联控。

11)参加试验的单位和人员均应服从行车指挥组领导,并严格按照试验内容组织实施。因临时调整试验内容、运行速度、试验区段等均由试验现场指挥组确定、布置后执行。

12)列车如需由区间折返时,应由返回牵引司机与车站联控,车站在确认列车条件具备后，准许列车折返。

13)动车组应按照动车组位置标(临时停车位置标)停车。

14)动车组由 ATP 控车时，由电务部门统一负责设置和发送线路限速和配合试验设置的限速命令。

15)所有参试人员凭试验登乘证登车。

16)试验列车开行期间，公安部门应指派力量，负责沿线的安全保卫工作。

17)试验列车开行前，应对车站、区间进行清理，无关人员不得逗留；运行进路上提前 2 h 起至试验结束严禁上道作业；试验列车运行期间，站内停留的自轮运转设备及车辆应停在指定地点，禁止移动，并做好防溜措施。

18)试验期间，施工、设备管理单位应做好应急抢修准备；机务段应安排内燃机车备用待命，如需使用时由试验现场指挥组确定。

19)站内停留的施工机车、车辆如需移动，由相关单位向车站提出申请后，按车站值班员的布置执行，并严格执行“问路”调车制度和过岔汇报制度。

20)除试验规定项目外，当出现线路道岔故障、接触网故障、轨道电路故障、信联闭设备故障、通讯中断、轨道电路分路不良等影响正常试验的情况时，应暂停试验，在采取相应处理措施后，方可继续。

21)因试验本身发生的事故按《事规》第六十四条规定办理。

7.1.3 施工计划管理

7.1.3.1 基本原则

1 联调联试期间，应合理安排影响设备稳定、设备使用和行车安全的施工、设备检修作业。

2 施工作业严禁无计划、无命令和超范围施工。

7.1.3.2 相关规定

1 施工作业应提前申请计划，施工单位向项目管理机构提报施工作业申请，设备管理单位向临时调度所提报作业申请。

2 接触网停电的施工作业应经设备管理单位及施工单位确认。

3 配合联调联试的设备整治作业应由临时调度所以调度命令的

形式公布并布置有关单位执行。

4 设备临时故障的应急处理应严格按规定在《行车设备检查登记簿》(运统—46)上的登、销记。

5 施工作业应按照规定与相关单位签订安全协议。

7.1.4 非正常行车

1 区间被迫停车

1)列车调度员应及时了解停车原因，布置助理调度员或车站值班员转告区间内其他列车，在停车原因消除前不得再向该区间放行列车，对已进入区间的续行列车，应及时通知续行列车司机。

2)列车调度员根据故障情况，确定救援方案。需要救援时应及时布置助理调度员发布救援机车、动车组出动的调度命令，组织救援工作。

3)遇动车组在区间被迫停车须返回后方站时，列车调度员在确认动车组至后方站间已空闲后，方可发布准许列车返回后方站的调度命令。

4)动车组被迫停在接触网分相无电区后，司机应立即报告列车调度员；列车调度员按规定通知供电调度、相关车站值班员配合做好停送电的有关工作。

5)列车在区间发生事故后，应立即封锁该区间，在确认不影响邻线行车后方可放行邻线列车。

2 信号设备故障

1)进站信号机故障时，助理调度员应改按引导信号接车；遇引导信号也不能开放时，按规定准备好接车进路，列车凭调度命令越过关闭的进站信号机。遇夜间进站信号机红灯熄灭，由车站通知电务部门按规定办理。

2)出站信号机故障时，按规定准备好发车进路后，确认进路正确、道岔锁闭，按规定发布准许列车发车的调度命令，列车凭调度命令越过关闭的出站信号机。

3)道岔故障需人工准备进路时，应由列车调度员布置车站应急值守人员转入非常站控模式。车站应急值守人员根据列车调度员指示，组织工务、电务及其他临时指定胜任人员现场准备进路、道岔加锁、钉闭及确认。车站确认进路上道岔开通位置正确并按规定锁闭后，由列车调度员按规定发布准许列车越过进站信号机或准许列车发车的调度命令。

4)列车需反方向运行时，列车调度员应立即报告值班主任，经值班主任准许后方可组织反方向行车。

5)控制台显示与列车实际占用轨道电路区段不一致，车站应检查确认该区段空闲后或列车调度员确认前发列车整列到达后，助理调度员方可对该区段进行人工解锁及准备进路。

6)站内轨道电路发生故障时，列车调度员应在《行车设备检查登记簿》内进行登记，并通知驻所联络员指派工电人员查明原因，排除故障。非线路原因时，经驻所联络员签认线路正常使用、车站汇报线路空闲后，方可按规定办理接发列车。

7)全站停电时应转入非常站控模式。

3 线路设备故障

1)线路严重晃车时，应立即通知续行列车停车，在未得到工务检查人员的报告前不得再向该区间放行列车。经工务检查人员检查报告后，根据工务部门确定的列车放行条件组织行车。

2)线路上有落石等障碍物时，应立即扣停列车，并采取有关处理措施。

4 接触网故障

1)出动接触网抢修车时，应及时组织开行抢修列车，组织开展抢修。

2)接触网停电单元内有动车组时，应根据停电时间确定是否发布内燃救援机车出动救援的调度命令。

7.2 建设处

7.2.1 联调联试和运行试验工作细则

7.2.1.1 基本规定

1 铁路局宜在联调联试开始前2周，制定联调联试和运行试验工作细则(以下简称工作细则),明确联调联试和运行试验期间的组织机构、工作机制、考核办法,规范联调联试和运行试验各参与方的行为。

2　工作细则的主要内容有:工作目标;总体计划安排;试验安全保障体系;工作机制;保障措施;原则和纪律;责任考核;各工作组实施细则;应急预案等。

7.2.1.2　目标要求

1　坚持高标准,打造建设世界一流高铁品牌,实现“五个一流”:一流的设备质量,一流的运营管理,一流的综合治安秩序,一流的线路线容线貌,一流的职工精神风貌;

2　做到“四个确保”:确保各项目标实现,确保安全万无一失,确保开通运营管理中各项准备工作到位,确保设备长期处于设计速度目标值的高标准状态。

7.2.1.3　试验安全保障体系

1　组织机构

铁路局应成立联调联试领导小组、联调联试现场指挥部和各专业工作组。有关站段也应成立以主要领导为组长的联调联试工作组。

1)联调联试领导小组,由铁路局局长任组长,副局长为副组长,铁路局总师、安监室,运输、客运、货运、机务、车辆、工务、电务、建设、房生处,调度所,投资中心,信息技术所,铁路公安局主要负责人为组员,负责联调联试及检测试验工作的部署、督导以及重大问题的协调。

2)联调联试现场指挥部,由铁路局分管建设副局长为总指挥,项目管理机构、铁路局运输处负责人为副指挥,铁路局总师、安监室,客运、机务、车辆、工务、电务、建设、房生处,调度所,投资中心,信息技术所,铁路公安局,相关站段负责人为组员,全面负责联调联试及检测试验期间的组织协调;负责试验计划的组织实施、试验列车的统一指挥;负责施工计划安排、试验列车放行条件的确认。

现场指挥部下设综合试验、运输组织、工务、电务、电力电气化、安全保障、综合保卫、工程推进、后勤保障等九个专业工作组,按照专业分工负责的原则全面落实联调联试指挥部下达的各项指令。

3)铁路局相关设备管理单位和铁路公安处成立以主要领导为组长

的联调联试工作组，由分管领导专职负责联调联试期间的各项工作，按照联调联试的总体计划，严格落实每日试验安排，精心组织设备整治，确保联调联试期间的设备状态和运行安全。

4）铁路局成立若干个联调联试安全包保片区，分片建立以中间车站为中心的安全责任包保体系，由各直属站，工务、电务、供电、通信段和铁路公安处组成的各站区确保动车组检测试验安全包保工作组，由各直属站包保人牵头，按专业职责分工，实行 24 h 值守，对试验期间站区及两端站间区间中心范围内的试验安全、设备状态、行车组织、应急处理等负总责。

5）项目管理机构应成立联调联试现场配合组，负责组织施工单位配合联调联试各项测试工作，对联调联试区段固定设备的检查、整治，负责安排施工现场、线路、桥涵、道路、栅栏等围护看守工作，并督促各施工单位、集成商落实，确保设备质量和施工安全。

2 工作机制

1）铁路局联调联试现场指挥部应每日召开例会，分析、总结当日联调联试的实施情况，对存在的问题提出处理意见和整改要求，并按照有关规定对责任单位进行考核，布置剩余工程推进和联调联试发现的缺陷整治，布置次日试验列车的开行计划和有关安全事项。

2）各包保片区及各站区包保组成员应提前到岗把关，并由组长向铁路局联调联试指挥部报告到位情况。应分专业制定确保联调联试试验列车运行安全及设备整治达标的工作制度、工作方法和工作要求。联调联试期间，每日动车组开行前 2 h 由包保组长牵头，按专业分工的原则，对所在的片区的行车设备状态、栅栏封闭、机具材料和作业人员清理、站容站貌等进行全面检查，并作好专项记录。每日检测完毕召开点评会，分析总结当日工作，布置夜间天窗点各项施工安排，分专业进行施工安全把关，学习并布置次日试验列车开行各项要求，作好各次会议记录。每日对安全关键部位及时组织进行重点检查。对影响试验列车运行安全的问题要及时报告、组织处理。

3）各片区包保组及各站区包保组应全面负责所在片区联调联试期间的安全保障和应急处理，按照专业负责的要求组织好各行车设备的缺陷整治和各项运输组织工作，督促施工单位严格按照营业线施工安全管理的有关要求做好剩余工程扫尾、缺陷整治和设备达标。

4）项目管理机构片区组应按要求做好各项缺陷整治，认真制定每日剩余工程的施工计划，按营业线施工安全管理的有关规定，严格执行施工计划申报制度，落实试验列车开行的各项要求。

3 原则和纪律

1）试验原则

①应严格按铁道部批复的联调联试及试运营大纲和实施方案组织实施，试验方案严禁随意变动。根据试验动态结果分析，确需变动时，应立即暂停试验，由铁道部试验协调组和铁路局联调联试领导小组研究确定具体试验办法。

②项目管理机构、施工单位、集成商和铁路局设备管理单位应提高线路、桥梁、站场、通信、信号、牵引供电等主要行车设备质量；应做好各种设备的加固、补强和对重点部位安全质量监督检查；应采取有效措施保障试验区段列车运行安全、人身安全和动车组的安全，并严格执行“施工不行车、行车不施工”的要求。

③应做好联调联试及试运营过程和试验数据的保密工作，严禁参试人员擅自接受新闻媒体采访，严禁对外泄露有关试验的信息。

2）试验纪律

①严肃行车不施工、施工不行车的纪律。

②严肃试验列车开行前 2 h 完成清道报告，书面确认、签认的纪律。

③严肃每公里按一名公安、一名保安设岗，确保试验开车运行安全的纪律。

④严肃施工单位每公里安排专人防护的纪律。

⑤严肃试验列车运行统一指挥，各项施工应严格执行营业线施工安全管理规定的纪律。

⑥严肃进入施工现场的人员、设备、材料按规定登销记的纪律。

⑦严肃试验列车运行进路道岔钉闭加锁确认的纪律。

⑧严肃各级干部按时到岗和离岗请假的纪律。

⑨严肃检测列车、动车组试验列车入库检修及区间检修由公安 24 h 看守保卫的纪律。

⑩严肃每日先开行检测列车、再开行动车组试验列车的纪律。

⑪严肃电气化区段按章作业的纪律。

⑫严肃动车组试验列车运行期间比照三级专运任务安全保卫的纪律。

7.2.1.4 专业工作组实施细则

铁路局有关部门和铁路公安部门应分别制定工作组实施细则。

7.2.2 红、黄、白旗管理积分考核制度

7.2.2.1 工作目标

确保按期进行联调联试;确保按期开始运行试验;确保按期高标准、高质量、高水平一次性全功能开通运营;确保施工安全和工程质量。

7.2.2.2 积分考核制度

1 每日应实行红、黄、白旗评比制度。铁路局联调联试指挥部对施工单位每日生产任务完成情况进行综合考评,评出红、黄、白旗单位,分别计+10 分、+5 分、0 分,对不能按期完成阶段目标的单位计−10 分,并评为白旗单位。

2 评比可分三个阶段。

1)联调联试开始前,确保按期进行联调联试。

2)运行试验开始前,确保按时开始运行试验。

3)正式开通运营前,确保按期高标准、高质量、高水平一次性全功能开通运营。

3 评比标准

1)红旗单位:各项工程能按计划完成,工作中采取以我为主的工作方法,能主动工作,协调配合其他单位,成绩突出,无任何安全、质量问题。

2)黄旗单位:各项工程能基本按计划完成,当天如未按计划完成的项目,应不影响节点工期目标,能协调配合其他单位,无任何安全、质量问题。

3)白旗单位:工程节点未按计划完成,工作中不积极主动,缺乏大

局观，影响整体工期目标。

4 其他评分规定

1)施工组织不当影响工程线列车运行，每影响 30 min 扣责任施工单位－1 分，依此累加。

2)发生损坏成品设备，除按质量事故分析，追究相关单位责任外，定责任施工单位当日为白旗单位，并计－5 分。

3)发生安全质量问题受到铁路局通报，视严重程度计责任施工单位－10～－50 分。

4)发生安全质量事故，累计积分归零，并按铁路局有关规定进行处理。

5)组织得力，表现突出的单位，除评为红旗单位外，可增加一面红旗以示奖励，同时增加积分 10 分。

5 积分结果的奖励

1)每个评比阶段结束后，对施工单位的得分实行累计并排序，前五名单位评为优胜单位，铁路局发文进行通报表彰，并由项目管理机构给予奖励。

2)三个评比阶段结束后，对施工单位的得分进行累计并排序，由铁路局行文上报铁道部，申请对施工单位进行其他奖励。

7.2.2.3 建功立业评比办法

1 组织领导

铁路局成立竞赛评比活动领导小组。组长由分管建设的副局长担任，副组长由项目管理机构负责人担任，成员由铁路局总师、安监室，运输、机务、工务、电务、建设、劳卫、计统、财务、房生处负责人和相关单位负责人组成。

2 评比范围：各参建单位、铁路局相关设备管理单位、铁路局相关业务处室。

3 评比内容

1)先进单位(集体)：标杆工程局、标杆监理公司，优胜设备管理单位(部门)

2)先进个人：标杆项目经理、标杆监理工程师，建设功臣、建设标

兵、先进个人、安全标兵

4 评比方式

1)标杆工程局

①可按两个阶段的工作表现综合评价,主要以红、黄、白旗积分考核情况,标准化评定的结果,剩余工程完成情况,联调联试安全情况,环境整治情况等作为评比依据。

②优胜者授予标杆工程局称号,评比与施工企业信用评价结果挂钩,并按有关规定给予加分。

③同时应严格执行安全一票否决制度,对发生生产安全一般事故、铁路交通一般D类事故或发生质量一般事故的,取消评比资格。

2)标杆监理公司

对工作有力,标准化工程建设推进和联调联试配合工作成效明显的监理单位,其评比与管内施工单位的评比挂钩。

3)优胜设备管理单位(部门)

对积极主动介入、管理体系运转优良、高效落实联调联试指挥部部署的设备管理单位进行评比,评选出优胜单位。对推进剩余工程和联调联试工作组织科学、协调有力的铁路局业务处室进行评比。

4)先进个人

可评选出标杆项目经理、标杆监理工程师、建设功臣、建设标兵、先进个人、安全标兵若干名。对标杆项目经理、建设功臣、建设标兵、标杆监理工程师授予奖章,对其他先进个人颁发荣誉证书,并对全体先进个人给予相应奖励。

7.2.2.4 施工管理要点

1 应在联调联试前完成影响联调联试安全的站房、雨棚、路基、桥梁附属工程、声屏障、电缆槽及盖板安装,通信、信号、电力电缆敷设,通信、信号、接触网、供电等工程单项测试项目,并通过静态验收。

2 试验列车运行期间严禁一切上道作业,严禁缺陷整改等作业人员上桥及进入铁路栅栏内。

3 缺陷整治材料由桥下吊运至桥面或使用大型工程机械进行作业可能危及铁路行车安全的施工,应提前申报施工计划。

4 地方建设的公跨铁桥梁工程应按照铁路局规定办理相关审批手续,获批准后方可施工。公跨铁工程一般应安排在铁路联调联试前完成,特殊情况由联调联试指挥部统一管理。联调联试期间在接触网安全距离内及铁路上空进行箱梁架设和桥面附属工程的施工,应提前申报施工计划,在封锁条件下进行作业。当日封锁时间内施工完成后,剩余的施工材料应全部清理至安全处。

5 站前施工单位完成桥梁段声屏障遮板安装或路基段声屏障基础后,应及时与声屏障施工单位进行工序交接,声屏障施工单位应重点复核预埋螺栓位置,对非标板提前安排厂家加工制作;声屏障安装应在联调联试前全部完成。

6 通信、信号、电力电缆应及时入槽,严禁强、弱电电缆交叉。电缆入槽后,站前施工单位应及时完成电缆槽盖板安装,并加强对电缆保护,防止电缆损伤。电缆入槽及电缆槽盖板安装完成后,需打开盖板进行新增电缆敷设和故障检修等作业,应在站前施工单位配合下进行,并做好成品保护。

7 影响联调联试列车运行安全的四电工程问题整改,应提前申报施工计划,在封锁条件下进行作业,并按要求设置驻站联络员和现场防护员。

7.3 工 务 处

7.3.1 运行试验期间工务管理规定

1 管理机构

1)铁路局工务处应成立由分管处长任组长的工务高铁管理组,下设轨控分析和维修计划管理两个小组,负责动态添乘、数据分析、审核施工作业方案、汇总施工计划并组织相关处室平衡施工计划。

2)各工务设备管理单位应成立高铁管理机构,负责管辖范围内的工务设备管理、养护维修、应急处置、施工安全监督、安全保护区监督管理。

2 生产管理

1)设备检查及分析

①铁路局工务处、工务设备管理单位应建立确认车、动车添乘检查制度，定期对检测数据进行分析，采取相应措施。

②铁路局高铁轨控分析小组、工务设备管理单位应建立设备质量分析制度，对设备动静态检查质量全面分析。

③设备静态检查内容及周期执行铁路局高速铁路无砟轨道线路维修管理有关规定。

2)施工维修计划

①月度施工计划、施工日计划的编制、提报、下达、调整及变更应按铁路局高速铁路施工维修管理办法及高速铁路动车组列车试验运行安排有关规定执行。

②维修作业计划应采取周计划、日确认制度。

试验运行期间，工务设备管理单位将工务维修日计划报工务处，工务处召开次日维修计划平衡会，电务、机务处参加。铁路局调度所召开次日维修计划会，工务、电务、机务处参加，审批次日维修计划。

正式开通运营之后过渡期间，设备管理单位根据检查发现的问题，编制下周维修作业计划并按规定进行审查，上报工务处审核、汇总，工务处协调相关配合专业后报铁路局调度所，并反馈相关设备管理单位。设备管理单位应于维修作业前 3 日，将维修日计划报铁路局工务处审核、汇总，工务处组织电务、机务处对日计划平衡，于维修作业前 2 日报调度所审批，于维修前 1 日下达各有关单位。因特殊原因日计划不能兑现，需调整时，由工务处结合次日施工日计划进行协调，并报铁路局调度所调整。

3)作业登销记

①试验运行开始日起第一阶段，行车设备故障、施工维修时，车站调度集中设备均转为非常站控，由设备管理、施工单位在车站办理登销记手续。

②试验运行第二阶段，行车设备故障、施工维修时，由工务、电务、供电驻所联络员在调度台办理登销记。遇特殊情况转为非常站控时，由驻站联络员与车站应急值守人员(应急行车人员)办理登销记。施工单位施工作业时，由施工单位按工务、电务、供电专业委托相应驻所联

络员办理登销记手续。

4)施工作业方案

①应按铁路局高速铁路施工维修管理办法,编制和审核纳入月度施工计划的施工方案。

②维修天窗内的各项维修作业,均应编制相应的维修作业方案。

5)作业验收

施工作业完毕后,经自验、复验确认达到验收标准后,人员、机具、材料全部撤出防护栅栏之外,方可申请开通线路。

3 安全管理

1)严格执行“行车不施工、施工不行车”的管理规定。

2)所有施工、维修作业均应有车间主任(副)带队,工班长带班。

3)工(机)具应实行编号管理,并落实到使用人。

4 应急处置

1)发生设备故障时,应由相关的设备管理单位按管辖范围启动相应应急预案。

2)应急处置的信息传递、处理流程、处置方法等应执行铁路局高速铁路工务设备故障应急处理预案有关规定。

7.3.2 无缝线路管理办法

1 工务设备管理单位应按照铁路局公布的管界划分要求,分别做好无缝线路的管理工作。

2 无缝线路备料应按照《高速铁路设计规范(试行)》(铁建设〔2009〕209 号)中“轨道常备材料”的标准配备。

3 跨区间无缝线路的维修管理,应以一次铺设锁定的轨条长度为管理单元。

4 道岔焊接后应按无缝道岔技术要求进行管理。

5 工务设备管理单位应全面掌握管内无缝线路技术资料,绘制无缝线路铺设及日常大维修、无缝线路应力调整等技术图表,编写无缝线路铺设情况表。

6 无缝线路应力放散资料应齐全,内容包括放散的时间、起讫里程、放散原因、原锁定温度、计划放散量、计划锁定温度、当日钢轨温度、实际放散量、实际锁定温度等。

7 观测桩埋设原则

1)位移观测桩应按单元轨节设置,道岔区应按道岔单元轨节设置。

2)单元轨节起终点的位移观测桩应尽量与焊接接头对应,纵向错动量不得大于 30 m,位移观测桩间相对位置应保持基本不变。

3)每个单元轨节应设置 5 对位移观测桩。

4)每组道岔应设置 5 对位移观测桩。

5)桥梁地段,位移观测桩应设于桥梁固定支座附近的道床板中心位置。

6)隧道内距离洞口超过 200 m 地段可不设置位移观测桩。

7)长度大于 3 km 的隧道口,长度大于 500 m 的桥梁两端,单跨度大于 100 m 的连续梁、连续刚构、提篮拱或系杆拱两端,钢轨伸缩调节器基本轨接头和距离基本轨接头 100～150 m 处应增设位移观测桩。

8 轨向管理

1)应及时消灭线路不良轨向。

2)应及时整治高温期间线路方向超过经常保养标准处所。

3)应及时组织分析同一地点反复出现线路方向不良问题。

9 无缝道岔管理

1)应加强对无缝道岔的养护维修管理。

2)无缝道岔的维修作业,应严格控制作业轨温。

3)应有计划地安排对道岔钢轨进行修理,重点安排打磨钢轨顶面和工作边的作业。

4)更换辙叉、尖轨、钢轨,应尽快恢复原结构和锁定轨温。

5)复紧扣件螺栓,应达到设计规定的扭力矩。

6)应及时整正道岔轨道几何状态。

7)冻结接头应按规定周期复紧接头螺栓。

8)无缝道岔钢轨发生不均匀位移,应分析原因,必要时应安排应力放散或应力调整。

9)混凝土岔枕立螺栓不得损坏,应达到设计规定的扭力矩。

10)道岔滑床板和护轨垫板的弹片、销钉均应齐全有效。

10　日常检查范围

绝缘接头、道岔尖轨跟、伤损加固接头、固定型辙叉以及道岔可动心轨、翼轨、基本轨、尖轨等特殊部位薄弱地段钢轨。

11　应力放散和调整

无缝线路和无缝道岔的锁定轨温应准确、均匀,有下列情况之一者,应做好放散或调整:

1)实际锁定轨温不在设计锁定轨温范围以内,或左右股长轨条的实际锁定轨温相差超过 5 ℃。

2)锁定轨温不清楚或不准确。

3)跨区间无缝线路的两相邻单元轨条的锁定轨温差超过 5 ℃,同一区间内单元轨条的最低、最高锁定轨温相差超过 10 ℃。

4)铺设或维修作业方法不当,致使长轨条产生不正常的伸缩。

5)固定区和无缝道岔出现严重的不均匀位移。

6)夏季线路轨向严重不良,碎弯多。

7)通过测试,发现温度力分布严重不匀。

8)因处理线路故障或施工改变了原锁定轨温。

9)低温铺设长轨条时,拉伸不到位或拉伸不均匀。

7.3.3　工务安全管理办法

1　基本规定

凡影响设备稳定、使用,影响行车和人身安全的施工作业、设备巡检,应在天窗点内进行。

2　施工作业防护

1)应在行车调度台、车站分别设置驻台(站)联络员,办理登、销记手续,并按规定设置现场防护。

2)防护员应由经过培训考试合格,取得资格证的正式职工担任,持证上岗。

3)驻台(站)联络员应提前 1 小时到岗,在行车调度台或车站运统—46 簿上登记要点,驻台(站)联络工作执行铁路局有关规定。封锁命令下达后,施工负责人方可带领作业人员进入防护栅栏进行作业。

4)现场防护、驻站联络员应保持联系畅通。联系中断时,施工负责人应立即命令停工,并组织作业人员带齐作业机具、材料等撤出防护栅栏之外。

3 施工作业组织及安全管理

1)上道施工作业应编制施工方案,按规定进行审查和审批,并组织现场交底,做好安全预想。

2)综合利用天窗在同一区间施工作业时,应指定施工作业主体,明确施工负责人,负责各专业施工作业的组织和协调,对施工作业现场的安全负责。

3)路基坡脚 10 m 范围内(包括高空侵入限界)的影响设备稳定、使用和行车安全的施工,应经设备管理单位和设备主管部门及项目管理部门审批后,方可施工。

4)夜间天窗现场应配备足够的照明设备。

5)工(机)具应实行编号管理,并落实到使用人。所有机(工)具应刷有反光涂料或粘贴反光标志,各种防护标志牌应具有反光功能。

6)线路、桥梁、探伤等行车主要工种的作业标准,执行铁路局有关规定。

4 劳动安全管理

1)天窗点外,严禁任何人员进入防护栅栏内。

2)所有施工作业(检查)人员应按规定穿着黄色防护服,夜间须穿着带有反光功能的防护服。

3)上道作业应在工班长带领下进行,且不得分散作业。

4)使用机具应按规定穿戴劳动保护用品,带电机械应按规定安装漏电保护装置。

5)车辆、机具设备不得超过机车车辆限界,施工作业人员和工机具与接触网必须保持 2 m 以上距离,否则应按规定办理接触网停电手续。

5 自轮运转特种设备安全管理

1)自轮运转特种设备应遵守铁道部自轮运转特种设备作业、运行管理办法的规定,并按要求提报运行、作业计划,在取得调度命令许可后，方可上线运行、作业。

2)自轮运转特种设备的三项设备(机车信号、列车无线调度电话、运行监控记录装置)须齐全、完好，指定专人检查、确认。

6　路材路料管理

1)天窗以外，防护栅栏、桥面以内严禁放置任何机具、材料等。

2)施工车辆装载材料、工具应稳固，不得偏载、超载、超限。施工车辆移动时不得装卸材料、机具。

3)备用轨料应存放在指定地点，易搬动的零散材料、工机具、轻型车辆应入库保管。

7　自然灾害预防措施

1)应建立大风监测、雨量监测、异物侵限监控等防灾安全监控系统的管理制度。

2)应对铁路沿线进行定期检查，发现异常情况，要及时制止或采取相应措施，并及时上报相关情况。

3)应制定自然灾害应急管理办法，加强干部职工的培训和演练。

4)应制定季节性安全措施，定期开展专项安全检查，建立问题库。

8　路外安全管理

1)应加强安全防护设施管理，定期派人对封闭网、铁跨公立交防撞架、公跨铁立交防护网、公铁并行防护桩等安全设施进行巡检，凡发现封闭网破损、缺口应及时进行修理，防撞架、防护网、防护桩等安全设施破损、不齐的应在当天恢复。

2)需临时拆除封闭栅栏时，应设置临时防护设施并昼夜派人看守。

3)应做好立交积水整治工作。

7.3.4　安全防护设施管理办法

1　切实加强高速铁路线路防护栅栏、围墙、公铁并行桩、上跨铁路立交桥防抛网、声屏障等安全防护设施的综合管理。

2　职责分工

1)铁路局工务、运输处是安全防护设施的设备管理部门。负责防护设施的更改、大修、综合维修及相关、制度的制定和作业通道(门)的审批等。

2)工务设备管理单位、车站是铁路防护设施的设备管理单位，其中：工务设备管理单位负责进站信号机以外防护设施的管理维护；车站负责进站信号机以内防护设施的管理维护。

3)铁路公安局是安全防护设施的安全管理部门。铁路公安处(派出所、公安段)是防护设施的安全管理单位，负责防护设施的日常安全保护。

3 设置状态标准

1)防护栅栏

①全线应采用混凝土防护栅栏进行封闭，有效封闭高度应不低于2.2 m，靠近村镇、人口密集区、车站等地段两端各500 m及上跨立交桥下线路两端各200 m范围内应加高到2.7 m；

②混凝土栅栏片肋柱间隙≥10.5 cm部分可采用高1.5 m热镀锌金属网片进行加密、补强；

③混凝土栅栏下槛到地面底空不得大于10 cm；

④线路高架桥矮墩部分($H \leqslant 3.0$ m)应安装不低于2.2 m栅栏予以封闭；

④栅栏构件应无破损、断裂；栅栏立柱应竖直，基础稳固，无歪斜；

⑥闲杂人员及动物应无法进(钻、绕、爬)入封闭区；

⑦与既有线之间应采取隔离封闭。

2)公铁并行桩

公路与铁路并行距离在12 m以内，且公路路面高于铁路或低于轨面0.5 m以内的须安装公铁并行防护桩。公铁并行桩应按设计标准加工、制作与安装，竖直桩地下埋设深度不应少于1.0 m，地面不少于0.8 m。

3)公跨铁立交桥铁路上方应设置防抛网，桥梁两侧设置防护桩或防撞墙。

4)声屏障、围墙应符合限界管理相关规定，并具有一定的抗风强度。声屏障吸声板、螺栓等构件应安装牢固。

5)栅栏通道(门)应按程序申请审批，一般间距不应少于3 km。

7.3.5 工务设备故障应急处理预案

1　对线路发生钢轨折断、线路晃车、轨道电路红光带和线路障碍物等情况，应建立应急处理预案。

2　组织机构

1）铁路局应成立工务设备故障应急处置领导小组，由工务处处长任组长，各分管处长任副组长，线路、路桥、综合、技术装备科负责人及相关人员为组员，协调、指挥工务设备故障的处理。

2）设备管理单位应成立以主要领导为组长，分管领导为副组长，安全、线路（技术）、路桥、材料科及相关人员为组员的工务设备故障应急处理领导小组，负责组织、实施各类故障的应急抢修。

3　处理程序

1）信息传递

①发现工务设备故障，应立即报告有关车站值班员及线路工区工长。

②接到设备故障信息，工务设备管理单位应立即启动应急预案，并迅速赶赴现场检查，及时将情况报告有关部门。

③现场抢修负责人须及时将现场抢修处理情况报告车站值班员，各级调度部门应主动询问和及时掌握现场处理情况。

2）处理流程

①按照铁路局高速铁路有关管理规定登销记。

②根据故障情况通知供电、电务段、公安等配合单位。

③从就近的栅栏或应急通道进入设备故障区间。

④到达故障地点后应立即设置现场防护，并按规定实施抢修处理。

⑤抢修处理完毕后，应由抢修负责人组织现场检查，确认线路状态达到放行列车条件后，方可开通线路。

4　处理方法

1）断轨处理

①无缝线路焊缝或母材折断

i 当断缝为垂直断裂且断缝拉开不大于 50 mm、上下左右无严重错牙时，应迅速采用鼓包夹板及急救器（快速夹具）进行临时加固（使用绝缘夹板时，要将短路铜线或回流线连接在断轨处两端，沟通信号），随即复紧断缝前后各 50 m 扣件,根据现场实际情况,限速 5 km/h 开通线路;当断缝小于 30 mm 时,限速 15～25 km/h 开通线路。

ii 如断缝大于 50 mm、上下左右严重错牙或钢轨揭盖时,严禁盲目放行列车,须插入钢轨进行临时处理或永久处理。

iii 钢轨折断经紧急处理后,应尽快在当天维修天窗内进行永久处理。

②道岔尖轨、尖轨基本轨、可动心轨、翼轨折断

i 断缝位于尖轨与基本、可动心轨与翼轨密贴范围以外的易于加固处所时,应按钢轨折断处理办法进行应急处理。

ii 断缝位于尖轨与基本轨、可动心轨与翼轨密贴段范围内,无法按钢轨应急处理方法加固处理时,在车站加锁,工务钉闭直股情况下,可根据现场实际影响情况,按限速不超过 5 km/h 临时放行列车,同时每趟列车通过后检查轨道几何状态及结构状态。

iii 经紧急处理限速开通线路后,应尽快进行永久处理。

2)轨道电路红光带

①应对左右股钢轨进行仔细巡查,直至查明故障原因。

②发现钢轨折断时,应立即按规定进行防护。

3)线路障碍物的处理

线路上有影响行车安全的障碍物时,应立即对发生地点前后不少于 1 000 m 范围内的线路进行检查,同时迅速组织力量进行清除。

7.3.6 防灾安全监控系统应急处置预案

1 防灾安全监控系统是风监测子系统、雨量监测子系统以及异物侵限监控子系统的集成系统,由现场监测设备(风速风向计、雨量计、双电网传感器和现场控制箱)、GSM－R 基站监控单元、监控数据处理设备、调度所设备以及传输通信网络、接口等组成。

2 组织机构及职责

1)组织机构

铁路局应成立防灾安全监控系统严重故障应急工作领导小组,由主管工电副局长任组长,工务、电务处处长任副组长,工务、电务、运输、机务处,安监室,调度所、公安局主管领导为成员。铁路局工务处负责

处理日常工作。

设备管理单位应比照铁路局成立防灾安全监控系统严重故障应急组织机构，负责组织检查、维护及事故应急工作。

2)组织职责

①工务部门

负责现场传感器(含异物侵限、风速、雨量传感器及控制箱)至GSM－R基站单元柜，数据处理设备，调度所、工务终端的设备检查、维护、抢修工作。

②通信部门

负责防灾系统网络传输通道和防灾电源的检查和维护，保证防灾安全监控防灾系统通道畅通、电源稳定。协助、配合工务段对GSM－R基站单元柜的检查、维护、抢修工作。

③信号部门

负责列控机房内(中继站或车站)防灾组合的检查、维护、抢修，协助工务部门对列控机房内防灾引入电缆线路的检查、维护、抢修工作。

④机务部门

应根据调度命令，按规定速度运行。防灾安全监控系统设备故障或遇风、雨等不良天气或异物侵限时，应按规定采取相应措施，确保行车安全。

⑤供电部门

负责对接触网立柱、供电杆等设备进行整修加固。在工务部门对安装在接触网杆上传感器的检查、维护时，负责接触网的接地导流工作。

⑥运输、行车调度部门

负责按防灾安全监控系统终端报警信息采取相应措施，发布相关调度命令；沟通运输、故障处理、灾情等信息。

⑦安全监察部门

负责对各单位、各部门贯彻落实防灾安全监控系统严重故障时，督促有关单位及时实施应急措施，保证行车安全。

3　设备分布

1)总体构成

防灾安全监控系统包括铁路局调度所行车调度、工务调度、工务设备管理单位监控终端,监控数据处理中心,GSM—R 基站监控单元,风速采集点,雨量采集点,公跨铁异物侵限监测点,公铁并行异物侵限监测点和隧道口异物侵限监测点。

2)铁路局调度所防灾设备

包括防灾系统调度监控终端、通信接口、UPS 电源等。

3)监控数据处理设备

包括数据服务器、应用服务器、磁盘阵列、稳压器、维护终端、网络交换机、防雷单元、激光打印机、UPS 电源等设备。

4)工务设备管理单位防灾设备

包括客户端 PC、激光打印机、音响、UPS 电源等设备。

5)基站防灾监控单元

采用模块化结构,由基站防灾机柜、监控主机、继电器组合、电源设备、网络设备、防雷设备等组成。

4 现场监测设备

1)异物侵限监测设备

包括三种异物侵限监测:公跨铁、公铁并行、隧道口。

2)风、雨监测设备

5 应急预案响应

1)一级预案

①启动一级应急预案时,工务设备管理单位应立即上报值班领导及铁路局调度所;应及时按规定登记抢修,值班领导应立即赶赴现场处理。调度所通知电务、通信设备管理单位等相关单位赶赴现场查找原因、进行紧急处置。

②防灾安全监控系统风监测子系统故障尚未解除前,如遇天气预报 7 级及以上大风天气时,铁路局调度所应根据天气预报的最大风级发布限速命令。

③工务设备管理单位应根据防洪抢险预案,严格执行降雨量警戒防范制度,并切实做好检查和危险地点看守工作。

④防灾安全监控系统异物侵限子系统故障尚未解除前，工务等设备管理单位应安排人员对安装异物侵限监控装置的公跨铁等地点巡查看守至系统故障解除。

2)二级预案

①启动二级应急预案时，工务设备管理单位应立即报告铁路局调度所并通知相关人员与生产厂商对故障设备进行及时修复。调度所应通知电务、通信设备管理单位等相关人员2小时内到岗，查找原因，修复设备。

②防灾安全监控系统雨监测子系统故障尚未解除前，如遇暴风雨等不良天气时，列车司机依照相关规定，采取相关措施，并及时向列车调度员汇报。

3)三级预案

启动三级应急预案时，工务设备管理单位应立即报告铁路局调度所，并通知相关人员与生产厂商技术人员赶赴现场，对故障设备进行及时修复。需要时，调度所通知电务、通信设备管理单位等相关人员协助解决，处理故障，修复设备。

7.4 电 务 处

7.4.1 分散自律调度集中(CTC)维护管理办法

1 分散自律调度集中(简称CTC)是调度中心(调度员)对某一区段内的信号设备进行集中控制、对列车运行直接指挥、管理的现代化技术装备。一般由调度中心系统、车站系统、网络通信系统等三部分构成，并可与联锁、列控、临时限速(TSR)、无线闭塞中心(RBC)、GSM－R、防灾安全监控等其他系统连接，构成功能完善的列车运行指挥安全控制体系。

2 电务设备管理单位的维护、管理职责及相应维护、管理规定应严格按照铁路局有关办法执行。

3 CTC设备开通投产、办理设备交接手续时，应交接完整的CTC技术资料和最新版本的有效软件。

4 CTC软件的维护(修改、升级等)应经铁路局批准后按规定程序实施。

5 CTC机房应安装符合CTC设备环境条件及安全管理要求的温度调节设备、静电防护设施和综合防雷系统，并应安装符合防火要求的消防报警安全设施。

6 CTC设备故障处理

1)故障处理原则为先登记、后汇报、再处理，先通道、后单项设备，先中心设备、后车站设备，先服务器、后其他设备。

2)设备故障登销记制度：中心及现场信号工区确认设备故障后，应办理故障设备登记停用手续。

3)故障分析管理：故障修复后，CTC(DMIS)工区应在故障登记簿上记录设备故障相关内容，并按要求分析、上报。

4)电务设备管理单位CTC(DMIS)工区应实行24 h值班，并及时处理故障。

7 设备维护作业制度

1)CTC设备在分散自律状态下，进行设备检修、施工等作业影响正常使用时，要经调度同意，由车站值班员将设备转到非常站控状态后，方可实施。作业完成后，需向调度申请，由车站值班员恢复分散自律模式后，交付使用。电务人员进行信号设备巡视、电气特性测试等作业，不影响信号设备正常使用的，可在分散自律模式下进行。

2)CTC/TDCS系统设备的维护、检修如影响系统使用，要纳入天窗修。

3)应制定巡视、检查项目周期表，测试项目周期表，设备故障登记表，测试、鉴定、记录表和设备台账，按规定配备仪器、仪表、工具。

4)通信设备管理单位进行维护作业，影响通信设备或通道正常使用时，应提前通知电务设备管理单位做好配合，经铁路局批准后方可进行。

7.4.2 CTCS—3级列控车载设备(ATP)维护管理办法

1 组织机构

1)CTCS—3级列控车载设备维护工作实行铁路局、电务设备管理单位分级管理。

2)铁路局电务处是 CTCS—3 级列控车载设备主管业务部门。主要职责:

①贯彻落实铁道部 CTCS—3 级列控车载设备技术政策、规定、规范;并制定铁路局管内 CTCS—3 级列控车载设备的维护管理规划。

②制定列控车载设备试验、验收方案,并负责组织开展设备试验、验收工作。

③制定设备的维护管理办法,并对电务设备管理单位维护管理工作实施监督、检查和指导,定期检查管内设备运用状态、检测维护质量和日常作业,参与设备故障处理分析及事故调查处理。

④负责铁路局管内试验动车列控车载设备日常检修、集中检修。

⑤负责列控车载设备技术支持管理,根据现场运用维护需要,协调研发单位及相关生产厂家的技术支持工作。

⑥负责 CTCS—3 级列控车载设备软件和 GSM—R 单元 SIM 卡的管理。

3)电务设备管理单位是 CTCS—3 级列控车载设备维护和管理的责任主体。主要职责:

①负责列控车载设备验收、试验、施工配合任务,负责保证列控车载设备运行正常。

②建立健全段、车间、工区三级维护管理,制定作业标准、纪律和卡死制度。

③落实段、车间、工区三级检查制度,定期组织检查或开展互检活动,及时解决问题。

④组织设备故障、异常信息分析及疑难问题攻关,统计、分析设备的各项运用质量指标,及时解决存在问题,按规定上报。

⑤制定列控车载设备应急预案。

⑥负责设备的技术管理,建立健全技术档案和台账。

⑦负责职工培训教育工作。

⑧负责列控车载设备所使用的 GSM—R 单元 SIM 卡的日常管理。

2　设备维护

1)CTCS—3级列控车载设备维护周期与动车组车辆检修周期保持一致。

2)CTCS—3级列控车载设备运用的电路板块、模块实行故障换板、换块修。

3)列控车载设备维护工区应配置与CTCS—3级列控车载设备相适应的测试设备、仪器仪表和维护工具。

4)列控车载设备各项检修作业,应结合动车组检修修程进行,并纳入动车组检修一体化管理,动车所应将列控车载设备检修作业纳入到动车组日常检修计划中。

5)CTCS—3级列控车载设备一级修工作完毕,在确认设备正常后开具合格证。

6)动车组入库时,检修作业人员应了解设备运用情况并做好记录,同时回收合格证。

7)列控车载设备遇故障需安排单独作业时,列控车载设备维护工区应向动车所提报检修作业申请单。

8)在检修过程中,轮径参数设置应与实际轮径一致。

9)对CTCS—3级列控车载设备进行软件升级或硬件改造,应经铁道部批准并由铁路局电务处审核。

10)列控车载设备维护工区应配备满足日常检修和应急抢修需要的备品备件。

3 管理制度

1)CTCS—3级列控车载设备使用的设备和器材,应通过铁道部的认定或认证,并取得相应证书。

2)应建立运用设备及备品备件台账。

3)测试设备、仪器仪表和维护工具应建立专门台账,专人负责保养、检修、校对。

4)设备厂家应根据不同车型及不同设备提供书面技术资料,电务设备管理单位对技术资料应实行档案管理,妥善保管。

5)严禁带电插拔列控车载设备的任何板卡及接插件。

6)严禁随意更改列控车载设备各类设置参数。

7)严禁硬物、重物碰到 DMI 的液晶屏面。

8)插拔、清扫印刷电路板时,应采取防静电措施。

4　数据分析

1)应采用动态实时监测和数据下载两种方式,加强列控车载设备运用质量跟踪和数据分析。

2)电务设备管理单位应安排浏览 DMS 终端,重点分析报警信息,建立分析记录,实时掌握列控车载设备运用状态。

3)为保证地面数据分析系统和 DMS 终端的安全性,应严格执行软件管理、计算机与网络安全的规定,做到一机专用。

4)下载和转储列控车载设备记录数据时应使用专用工具和软件。

5)列控车载设备记录数据应实行分类、分时、分车有序存放,妥善保存。

6)检修作业人员负责读取、转储数据,并应在作业台账上登记。

7)应重点对列控车载设备硬件设备报错或故障信息,控车模式曲线异常,TCR 接收信息异常,BTM 接收信息异常,GSM－R 通信异常进行数据分析。

8)动车所列控车载设备维护工区每天将车载设备数据分析汇总后,上报电务处。

9)列控车载设备异常信息的处理:

①应及时逐级上报,并采取处理措施。

②车载设备车间应及时掌握设备异常处理的结果,做好故障信息的闭环管理;列控车载设备维护工区要建立设备异常处理台账。

③列控车载设备维护工区要跟踪故障处理后的动车组运行情况。

10)地面设备异常信息的处理:

①应及时向段调度报告,同时提供分析资料和处理建议,由段调度组织处理。

②列控车载设备维护工区应及时掌握设备异常处理的结果,做好故障信息的闭环管理。

③列控车载设备维护工区应跟踪故障处理后的动车组运行情况。

11)列控车载设备途中发生故障信息处理:

动车组在运行途中发生列控车载设备故障，电务设备管理单位应立即汇报电务处并组织处理，必要时应在最短时间内下载数据并进行分析。

7.4.3 列控系统地面配套设备维护管理办法

7.4.3.1 组织机构

1 列控系统维护工作宜实行铁路局、电务设备管理单位分级维护管理。电务检测所负责日常运用管理。

2 电务处是列控系统设备的主管部门，职责：

1)负责列控系统的维护管理工作。

2)负责制定列控系统的维护管理办法、作业标准及规章制度。

3)参与列控系统建设方案研究、审核和制定。

4)组织列控系统的动、静态测试试验，参与工程验收。

5)指导、监督、检查列控系统的维护工作。

6)组织建立全局应答器数据报文数据库，并对其全程监督、管理。

7)负责协调工务、机务部门按规定及时提供线路基础资料，协调总师室及时发布。

8)负责组织审核列控工程数据表。

9)指导电务设备管理单位对列控系统报文数据的试验核对。

3 电务检测所职责：

1)负责建立全局报文数据库，并对其全程维护、更新和管理，确保数据报文的准确。

2)指导电务设备管理单位配合列控工程数据表编制单位进行基础数据采集。

3)保存 CTCS－2 级及以上区段铁道部、铁路局有关线路基础数据资料电文，公布线路基础数据后负责校核列控工程用户数据表。

4)指导和协助电务设备管理单位处理列控系统设备疑难故障。

5)参加列控系统工程验收、动静态测试试验。

6)负责审查应答器报文解析文件及电务设备管理单位提报的应答器报文解析文件的核对结果的一致性、正确性。

7)负责定期对列控系统进行动态检查测试，并对设备运用情况进行统计分析。

4 电务设备管理单位是列控系统设备维护和管理的责任主体。其职责是：

1)负责细化列控系统的维护管理规定和应急预案。

2)负责列控系统设备的日常维护、管理、故障处理及安全质量分析等。

3)负责列控系统设备的施工配合、工程验收、动静态测试试验等。

4)负责保存 CTCS－2 级及以上区段部、局有关线路基础数据资料电文，与列控工程数据表进行核对。

5)负责应答器数据报文的正确性、完整性和有效性检查核对；负责保管应答器数据报文备份，应答器数据报文的校核、管理，应答器故障后的数据恢复等工作。

6)负责配合列控工程数据表编制单位进行基础数据的采集与复核，校核列控工程数据表。

7)负责列控系统主要设备器材的归口管理，建立设备履历、备品等管理台账。

8)定期添乘检查列控设备的运用情况，参与铁路局组织的试验车动态检查测试。

5 专业车间负责列控系统设备的维修管理工作。其职责：

1)负责对应答器安装位置及编号等进行检查、核对和验收。

2)负责故障应答器报文数据的恢复及反馈，对报文的正确性、完整性进行校验。

3)负责列控设备的集中检修工作。

4)负责建立列控设备台账。

5)负责故障器材更换、送修等管理工作。

6)配合做好列控系统的动静态试验、软件修改等工作。

6 现场车间负责列控系统地面设备日常的巡视、测试、清扫、故障处理等维护、管理工作；负责建立应答器台账，明确应答器的数量、位置、类型及编号等；负责掌握列控中心的功能界面。

7 工务部门负责提供线路纵断面图纸资料信息及线路允许速度

表等数据,配合列控工程数据表编制单位进行站场线路数据勘测、数据采集,配合做好应答器的安装、日常维护、故障处理等工作。

7.4.3.2 基本管理制度

1 列控设备厂家应具备生产资质。

2 铁路局管内 CTCS—2 级及以上区段的线路基础数据变化,涉及应答器变更及 RBC、TSRS、列控中心和应答器软件或数据修改的,应报铁路局电务处审核批准。

3 列控系统使用的设备和器材,应通过铁道部的认定或认证。设备厂家提供的写入数据及报文的应答器、LEU 、列控中心、RBC 等设备,应出具测试试验内容和结果的测试报告,经设备施工单位、设备管理单位对数据及报文进行测试、校核合格后,方可投入使用。

4 涉及到列控系统修改的基础线路数据变化资料,应提前提供给电务部门。

5 铁路局管内 CTCS—2 级及以上区段线路基础数据变化,引起 RBC、TSRS 系统软件、数据修改的,应由电务设备管理单位负责协调、配合厂家更换软件、数据。

6 凡影响列控系统设备正常使用的施工,应经铁路局批准后方可实施。设备验收开通时施工单位及设备管理单位应经全面测试和联锁试验正确后方可开通、交接设备。

7 列控系统临时限速命令试验应按规定登销记。

8 列控系统设备故障影响正常使用时,行车部门应及时通知电务部门组织处理修复。

9 列控系统的软件、数据修改,应由设备厂家出具测试报告,并经设备管理单位全面测试试验合格后,方可投入使用。

10 列控系统设备软件修改、升级应由列控系统设备厂家负责,软件由设备厂家提供。

11 列控系统设备开通投产、办理设备交接手续时,应提供完整的技术资料。

12 电务设备管理单位应建立的管理台账:

1)列控系统设备动态跟踪台账。

2)应答器动态跟踪台账。

3)应答器报文数据现场修改记录单。

4)列车进路数据表与临时限速管辖范围资料台账。

5)CTCS－2 及以上区段铁道部、铁路局有关线路基础数据电文。

6)列控系统地面设备不符合标准设计的特殊档案。

13 电务设备管理单位应严格规定应答器读写器使用管理,并建立登记制度。

7.4.3.3 报文数据管理

1 报文数据包含 RBC、列控中心、LEU、应答器报文,涉及列控系统报文修改、增加、删除应经电务处批准。工务、机务、建设等部门应向电务部门提供管内 CTCS－2 级及以上区段技术参数。

2 铁路局电务处为应答器报文数据主管部门,电务检测所负责应答器报文数据的日常管理和档案管理,电务设备管理单位负责管内应答器报文数据的备份、核对及在电务检测所的授权与监督下使用报文。

3 工程及基础线路数据变化涉及列控系统数据修改,应报铁路局电务处审核。

4 RBC、列控中心设备厂家负责 RBC、列控中心报文的编制、写入、改写;地面电子单元(LEU/BDU)厂家负责默认报文的编制和写入;应答器厂家负责有源应答器默认报文和无源应答器报文的编制及首次写入;电务设备管理单位负责有源应答器默认报文和无源应答器报文的再次写入。

5 列控系统设备厂家应向铁路局提供报文正确性验证手段和工具,并协助配合铁路局对报文的检验、验收。

6 在列控系统试验、测试前,电务检测所与电务设备管理单位应核对列控工程数据表数据的正确性。

7 列控工程数据表和报文编制及列控系统设备软件、数据修改要求:

1)列控工程数据表由输入表格和输出表格组成,列控工程数据表应由编制者、审核者、设计单位负责人和项目管理机构负责人签字确认。

2)项目管理机构委托施工单位进行数据勘测、基础数据采集与核对时,应经设备管理单位复核、项目管理机构审核后,交设计单位编制列控工程数据表。

3)设计提供的列控工程数据表应经电务检测所与电务设备管理单位核对、项目管理机构审核后,按规定格式提供给设备厂家编制报文、列控工程数据表。

7.4.3.4 设备维护管理分工

1 铁路局中心机房的CTC/TSRS、CTC/RBC接口服务器和对应的交换机、路由器等设备由所在电务设备管理单位CTC/TDCS中心工区负责维护管理。

2 RBC系统、TSRS和对应的维护终端、交换机、路由器、光端机等设备由设备所在的电务设备管理单位负责维护管理。

3 列控中心、LEU、应答器等车站列控系统设备由所在的电务设备管理单位负责维护管理。

4 列控中心之间,TSRS与RBC、列控中心之间,CTC/TSRS、CTC/RBC接口服务器与TSRS、RBC之间,列控中心与远程LEU,GSM—R网络接口与ATP车载设备之间等通道由通信设备管理单位负责维护管理。

通信配线柜以及连接至中心设备及车站列控中心、远程LEU、TSRS、RBC等设备的电(光)缆线接头及电(光)缆线通道由通信设备管理单位负责;与通信设备相连的机柜内接口设备由所在电务设备管理单位负责。

连接ISDN服务器的电(光)缆线接头及电(光)缆线通道、GSM—R通信设备由通信设备管理单位负责;与通信设备相连的RBC机柜内接口设备由所在电务设备管理单位负责。

7.4.3.5 维护工作方式及制度

1 电务设备管理单位应按铁路局有关文件规定的内容及周期,对RBC、TSRS、列控中心、LEU和交换机、路由器、UPS电源、应答器等设备及相应接口服务器进行检修或巡视。影响列控系统设备使用的检修作业应在“天窗”内进行。

2 电务设备管理单位应每天分析动车组记录数据,发现地面设备不良情况,应及时通知处理,定期对列控系统地面设备进行添乘检查。

7.4.4 通信设备检修作业

1 应加强对通信设备的检修作业,保障设备安全稳定运行。

2 高速铁路通信系统主要包括 GSM－R 系统、FAS 调度系统、数据网系统、传输系统、接入网系统、综合视频监控系统、动力及环境监控系统、同步与时钟分配系统、网管系统、应急救援系统、电源系统、综合布线、通信线路等十三个子系统。

3 夜间天窗点内进行通信作业项目时,严格按照作业流程。

7.4.5 信号设备故障应急抢修预案

7.4.5.1 组织机构

电务信号设备故障应急抢修机构由铁路局电务处、电务段、车间和工区等四级组成。

1 铁路局电务处应成立领导小组,处长任组长,分管处长任副组长,相关科室任组员。

2 电务设备管理单位应成立设备故障应急抢修指挥小组,由主要领导任组长,分管安全、维修领导任副组长,相关科室任组员。

3 电务设备管理单位应成立段、车间和工区三级设备故障应急抢修队伍。

4 电务施工单位应成立相应的组织机构,做好应急处置工作。

7.4.5.2 电务信号设备故障应急预案

1 应急预案的分类

A 类预案:针对列车冲突、脱轨、挤岔、干线电缆中断、洪水、火灾险情和影响较大的事件。

B 类预案:针对联锁、列控、CTC、自动闭塞、电源屏等较复杂或影响动车组等正线设备的故障。

C 类预案:针对一般单项设备或侧线设备的故障。

2 应急预案的启动

发生突发事件或故障,电务部门应立即逐级上报,并赶赴现场抢险。

3 电务信号设备故障应急处理

1)道岔故障

道岔失去表示,应登记停用该道岔,建议车站组织非正常行车;道岔扳不动,可申请取出手摇把将道岔摇至所需位置,然后要求室内扳动;表示恢复可先交付使用,但须保证不得改变配线,严禁改变联锁关系;确定为室外设备故障,应登记要求车务、工务人员赶赴现场共同处理。

2)轨道电路故障

①应立即登记停用设备进行处理,初步判断短时间内不能恢复时,可由车站启用非正常接发列车办法;故障 30 min 内未处理好,电务设备管理单位应急抢修队伍应立即赶赴现场;结合部故障,应立即通知车站要求工务部门共同处理。

②电气化区段轨道电路故障处理应严格按铁路局电气化铁路安全实施细则、电气化区段信号安全维修作业规定执行。

3)信号机故障

进站(进路)、出站信号机、通过信号机故障时,应立即登记停用,电务部门应积极组织查找故障原因,影响正线行车时应建议车站立即启用非正常接发列车办法。

4)区间设备故障

①控制台能看到接近表示红光带,应首先检查接近电源是否正常。

②接近电源故障,应登记停用。接近电源表示故障地面信号正常,建议车站正常组织行车,电务部门应尽快查明接近电源故障。

③区间设备故障,应立即登记停用,建议车站立即启用非正常接发列车办法。

5)电缆故障

断线故障应立即登记停用相关设备,由车站按非正常方式接发列车,并立即启动应急抢修预案。单芯电缆损坏,可采用短电缆临时接通后再正式处理;多处信号设备同时发生故障,可确认为电缆被损;无法判断故障点,应立即翻到备用芯线;备用芯线无法使用,应立即采取临时线勾通电路。

6)电源屏故障

电源屏故障,造成停电时,应立即登记停用,由电务部门查明故障原因,如判断是电力原因造成的故障,应要求车站及时通知电力部门进行处理,电务部门随时配合,并建议车站立即启用非正常接发列车办法。

7)控制台故障

控制台只有进站(进路)、出站信号机复示器灭灯,其他设备正常,室外地面信号正常时,电务部门应尽快查明故障。控制台全部无显示,建议车站立即启用非正常接发列车办法,电务部门应尽快组织查找故障原因。

8)微机联锁设备故障

应掌握故障现象、影响范围、对车务影响程度,分析联锁关系。

9)列控系统地面设备故障

应立即登记停用、组织抢修,修复设备,办理销记手续。

10)车站列控中心(TCC)设备故障处理程序

①应立即登记停用,逐级报告,联系厂家予以技术支持。

②在 TCC 备机工作正常情况下,对 TCC 进行人工切换倒机。

③TCC 与联锁通信故障,可更换对应通信板、对 TCC 进行人工倒机或断电重启。

④TCC 与 CTC/TDCS 通信故障,可更换对应通信板、重启 CTC/TDCS 站机、检查 CTC/TDCS 通信端口及与 TCC 通道情况、重启 TCC。

⑤TCC 与轨道电路单元通信故障,可更换对应通信模块、检查轨道电路单元的通信盘、检查 TCC 与轨道电路单元的通道情况、重启 TCC。

⑥对 TCC 进行断电重启后,须通过 CTC/TDCS 对其进行初始化操作才能投入正常使用。

⑦TCC 与 LEU 间的通信故障,可更换对应的通信模板、切断 LEU 电源将外接应答器倒接至备用 LEU。

7.4.5.3 应急抢修管理工作

1 应急抢修备品备件配备

电务设备管理单位应设立专用抢修器材备品库，车间设立备品分库，信号工区设立备品柜。

2 交通、通讯及抢修工具配备

电务设备管理单位和局级网点的车间抢修队应配备抢修汽车、通讯设备、抢修工具。

3 应急抢修工作管理要求

1)电务设备管理单位调度室应配备通讯工具，应能随时调阅所有设备的技术图纸，微机监测和 CTC/TDCS 系统的终端设备应保持良好状态。

2)电务部门在接到突发事件或设备故障信息后，应根据时限要求逐级上报，并将信息概况电传铁路局电务处调度。故障处理完毕后，电务设备管理单位调度应及时将有关信息上报电务处调度。

3)应建立备用器材、交通及通讯联络工具检查、测试、启用制度。

4)应根据主要设备情况，建立故障应急处理预案。

5)铁路局电务部门应建立技术支持网络。

7.4.6 动车组 LKJ 途中故障快速应急处理暂行办法

1 途中 LKJ 发生故障处理适用范围

1)司机在司机室内可通过 LKJ 设备开关机操作尝试重新启动，自行消除的软件系统故障。

2)司机通过显示器按键操作快速切除故障设备部分维持系统单套运行的情况。

3)通过拔除 LKJ 故障一侧 A 或 B 机电源插件板维持系统单套运行的情况。

2 快速处理 LKJ 故障的流程

1)值乘司机

①司机在运行途中遇 LKJ 故障无法继续维持运行时，应及时报告列车调度员或车站值班员，并尽量使列车在车站停车处理。

②需随车机械师配合处理时，应及时通知随车机械师配合。

③完成相应故障应急处理后，LKJ 故障现象消失或可以维持设备

单套继续运行时，应立即报告列车调度员，恢复列车继续运行。

④记录故障处理情况并通知电务设备管理单位在前方接应车站接车检查设备。

2)动车组随车机械师

接值乘司机通知发生动车组 LKJ 途中故障时，应立即携带随带的工具前往司机室配合进行应急处理。

3)列车调度员

①接值乘司机报告发生动车组 LKJ 途中故障，经询问司机需在前方车站停车进行简单快速处理时，安排列车在前方站停车。

②将发生故障的动车组车型号、车次、地点及情况通知铁路局电务调度。

4)铁路局电务调度

①接列车调度员通知动车组途中发生 LKJ 故障，将发生故障的动车组车型号、车次、地点及情况通知相关电务设备管理单位调度。

②跟踪掌握故障处理情况，组织电务设备管理单位接站处理故障。

5)电务人员

①电务设备管理单位接到动车组运行途中发生 LKJ 故障的情况，应立即报告主管领导，组织人员做好应急处理故障准备。

②电务设备管理单位根据掌握的动车组发生 LKJ 故障的列车运行情况，组织抢修人员及时赶到接应车站接车进行故障处理。

③电务抢修人员接车后应立即开展设备检查和故障处理。

④接车进行故障处理的电务人员，应随车添乘动车组的接续交路列车，跟踪观察途中设备运行情况，并做好相应故障处理。

⑤途中发生 LKJ 故障的动车组首次入库，所在地电务设备管理单位应对设备进行重点检查，宜对发生故障的单元进行换件处理。

3　动车司机(随车机械师)按动车组 LKJ 途中故障快速应急处理方法处理后，如仍无法排除故障时，司机应及时将情况报告列车调度员(车站值班员)，并请求电务部门远程指导。

4　动车组途中发生 LKJ 故障，各相关部门、单位和作业人员应通力协作、迅速处置。

5 电务设备管理单位应成立动车组车载设备应急抢修队，主管领导任队长，信息技术科科长、车载车间主任任副队长、信息技术科专业管理人员、车载车间技术人员和各工区工长、业务骨干为队员。

6 电务应急处理电话

1)LKJ设备管理单位应按动车组一体化管理司机室要求，在司机室明示应急处理电话及值守人员。

2)电务应急处理值守电话须24 h开机，由值守人员随身携带，专用于受理运行途中电务车载设备故障的司机联系报修。

7 电务设备管理单位应协助有关单位做好司机、随车机械师途中应急处理动车组LKJ故障业务培训工作。

7.5 机 务 处

7.5.1 联调联试期间停送电管理办法

7.5.1.1 调度指挥

1 联调联试行车调度指挥由联调联试指挥部临时调度所(以下简称临时调度所)负责。

2 在联调联试期间铁路局供电调度端SCADA系统未安装到位，远动通道尚未调试完成的情况下，铁路局在临时调度所设电调，与临时调度所行调联系签认，与地调联系受令工作；施工单位在临时调度所设临时电调。

3 牵引供电SCADA系统调试完毕(电力SCADA可能尚未调试完毕)，电调应立即搬迁到铁路局调度所(电调)，倒闸作业由调度员在调度主站上操作。

4 停送电倒闸作业，由施工主体单位申请，经设备管理单位同意，由临时电调审核后报铁路局电调，铁路局电调审核无误后向铁路局行调申请停电，行调签认后由电调书面通知临时电调，临时电调发布停送电倒闸作业命令(或操作)。

5 临时电调通知现场工作领导人停电完毕，现场按规定进行验电、接地、封线等安全措施后方可作业。

6 作业完毕，现场工作领导人确认安全措施已拆除，人员、机具、材料已撤离后通知临时电调送电，临时电调确认现场具备送电条件并取得铁路局电调、行调同意后，由临时电调发布送电作业命令（或操作）。

7 停送电倒闸作业，应按施工计划执行，施工计划报运输部门审批，并提前 1 d 报铁路局电调、相关供电设备管理单位备案。施工单位、配合单位的临时停送电申请，提前 1 d 报铁路局电调。

7.5.1.2 供电调度管辖范围

1 接触网：全线接触网以相关正线、联络线的分相为界，由相应台供电调度管辖。

2 牵引变电所（亭）：新建的沿线牵引变电所、AT 所、分区所、开闭所。

3 电力设备：新建配电所和既有电力变配电所的一级、综合贯通馈出部分及沿线供通信、信号基站用电的一级、综合贯通线及箱式变电站。

7.5.1.3 停送电作业办法

1 接触网施工停送电执行程序

1）施工主体单位驻站联络员应提前 40 min 到行车室登记，经车站值班员签认后向本单位驻所联络员申请要令。

2）驻所联络员应将所有的停电申请进行综合安排，审查作业内容和安全防护措施，确定停电的区段，按照批复的施工日计划，向临时电调申请停电作业。

3）临时电调通过铁路局电调向铁路局行调申请和签认后，临时电调向相关单位驻所联络员下达停电作业命令，做好签认。

4）驻所联络员接到停电作业命令后，向驻站联络员下达停电作业命令，做好签认。驻站联络员接到停电命令和线路封锁命令后，通知工作领导人，采取安全措施，开始施工作业。

5）施工结束，驻站联络员应根据工作领导人的通知，向驻所联络员申请销令，在行车室进行销记；驻所联络员向临时电调申请销令；临时电调在确认施工完成，人员、机具、材料全部撤离，通过铁路局电调向行调申请送电，下达送电命令（或操作）；临时电调确认停电区段已恢复送电后,通过电调通知行调接触网已送电,方可开行列车。

2 配合非接触网施工停送电执行程序

1)施工单位驻站联络员应提前 40 min 到行车室登记,经车站值班员签认后向驻所联络员申请要令。

2)驻所联络员应审查作业内容和安全防护措施,确定停电的区段,按照已批复的施工日计划,向临时电调申请停电作业。

3)临时电调通过铁路局电调向铁路局行调申请和签认。临时电调根据铁路局电调与铁路局行调的签认,下达停电操作命令(或操作),并布置现场值守人员确认有关断路器、开关均已断开,作业区段供电臂单元已经停电,临时电调通知驻所联络员。

4)驻站联络员接到驻所联络员停电作业命令后,通知作业领导人工作区段已停电、线路已封锁,方可安排人员进行验电、接地、封线,现场接地封线完毕后作业领导人通知驻站联络员,由驻站联络员书面通知施工主体单位驻站联络员接触网已停电。

5)配合停电作业结束,驻站联络员在收到施工主体单位驻站联络员书面通知后,通知现场作业领导人已拆除安全措施后向驻所联络员申请销令,并在行车室销记;驻所联络员在确认全部作业组销令后,向临时电调申请销令,双方做好签认。

6)临时电调确认作业组销令后,通过铁路局电调向铁路局行调申请,行调同意送电后,临时电调下达送电操作命令(或操作),确认有关断路器、开关已合闸,停电区段已恢复送电后,通过电调通知行调接触网已送电,方可开行列车,并签认送电时间。

7)在同一停电单元有多个单位共同利用施工天窗进行施工时,各单位应按规定分别通过配合单位驻站联络员申请停电要令,各施工单位收到配合单位驻站联络员的停电通知单后方可开工。施工完毕,在收到所有施工单位允许送电的通知单后,配合单位驻站联络员方可向驻所联络员销令,临时电调确认要令人均销令后方可恢复送电。

3 故障修停送电

1)接触网设备故障需临时处理时,临时处理的主体单位应在车站行车室设驻站联络员，通过本单位驻所联络员向临时电调申请故障修，临时电调通过铁路局电调向铁路局行调申请。铁路局行调同意后，按照接触网施工停送电执行程序进行。

2)非牵引供电设备故障，需接触网停电配合时，由车站值班员向铁路局行调申请停电，铁路局行调同意后通知铁路局电调，铁路局电调通知临时电调，临时电调安排人员赶赴现场配合。其他程序按照配合非接触网施工停送电执行程序进行。

4　配合行车事故救援时停送电执行程序

1)应由供电部门事故现场负责人向铁路局电调提出停电申请，铁路局电调与铁路局行调签认后，通知临时电调执行停电。

2)供电部门现场负责人应确认停电作业和安全措施完成，按规定格式签认后，交救援列车主任。

3)救援结束，供电部门现场负责人，在收到救援列车主任签认的救援列车救援结束通知单，经现场救援负责人同意，确认供电设备状态已修复并具备开通条件，人员机具全部撤离到安全地带后，方可撤除安全措施，向铁路局电调申请办理送电手续。

5　应急处理时停送电执行程序

1)动车组运行中受电弓故障需停电检查处理时，动车组乘务员应通过铁路局行调向铁路局电调提出临时停电申请。铁路局电调接到铁路局行调签认后，通知临时电调执行停电，确认停电后通知铁路局行调，由铁路局行调发布停电命令并通知动车组乘务员按规定进行作业。检查处理结束，动车组乘务员向铁路局行调报告，铁路局行调通知铁路局电调，由临时电调恢复送电，铁路局电调通知铁路局行调并签认。

2)动车组在分相无电区停车，需利用闭合网上分相开关救援时，动车组乘务员应报告铁路局行调，铁路局行调命令该列车运行方向的后一个停电单元的所有动车组停车后通知铁路局电调，铁路局电调通知临时电调对后一个单元停电，然后闭合前方分相开关，通知铁路局行调该列车受电开行。该列车驶出分相区后，动车组乘务员应报告铁路局行调，铁路局行调通知铁路局电调，铁路局电调通知临时电调断开网上分相开关，恢复后一个停电单元的供电并通知铁路局行调，铁路局行调通知后一个停电单元的动车组受电开行。

7.5.2 电力设备运行、检修与故障处理办法

7.5.2.1 基本规定

1 铁路局供电调度负责电力设备运行状态的在线监视，停、送电倒闸操作及日常运行管埋等工作。

2 新建变(配)电所所有纳入电力 SCADA 系统具备运动操作功能的高低压开关、远动装置的停送电倒闸作业以及保护装置的投、退操作均由铁路局供电调度负责操作。

3 新建一贯、综合贯线路上的电力远动箱变、远动房等所有纳入电力 SCADA 系统具备远动操作功能的高低压开关、远动装置的停送电倒闸作业以及保护装置的投、退操作均由铁路局供电调度负责操作。

4 新建一贯、综合贯线路及车站变(配)电所非远动控制的高、低压开关(包含熔断器)的操作，应由铁路局供电调度发令，电力检修班组、供电工区人员负责操作。未经铁路局供电调度许可，严禁任何运行、检修人员擅自操作。

5 既有变(配)电所内涉及到电源进线、母联的倒闸作业，供电设备管理单位调度应征得铁路局供电调度许可后方可同意操作，并在操作完成后及时向铁路局供电调度汇报。

6 向新建一级负荷供电的配电所内涉及到电源进线、母联、调压器、自闭、贯通馈出的倒闸作业及既有自闭、贯通线路上的倒闸作业(含并网操作)，供电设备管理单位调度须征得铁路局供电调度许可后方可同意操作，并在操作完成后及时向铁路局供电调度汇报。

7 其他电力设备的检修和故障处理，须经铁路局供电调度许可后，按规定在安全工作命令记录簿上填写作业人员、作业范围、内容和安全措施等相关内容，由检修班组、电力工区人员负责执行。

8 在远动设备故障、通讯中断或其他原因致使铁路局供电调度无法实现远方操作时，铁路局供电调度下令改为当地操作，受令人应按要求填写安全工作命令记录簿，并复诵核对无误后方可执行后续操作，并在操作完成后及时向铁路局供电调度汇报。

9　正式运行开通前，铁路局供电调度或相关供电设备管理单位负责与地方供电部门完成签订变（配）电所和各车站变电所的调度协议。

10　当变（配）电所、车站变电所外部电源非正常停电时，铁路局供电调度或供电段调度应根据调度管辖范围分工负责积极协调地方供电公司。

11　电力变（配）电所的倒闸操作标准或倒闸表由供电设备管理单位编制后，报铁路局机务处审核批准，由铁路局供电调度、供电设备管理单位等部门（单位）共同执行。

12　供电设备管理单位应根据电力设备运行特点，制定设备检修计划，负责检修计划的申报、临时要令、日常工作票的填写、提报和执行。

13　供电设备管理单位应负责建立、完善设备技术档案，及时修改设备履历台账资料，确保与设备实际状况相符。同时，应加强设备的日常巡视，对巡视检查中发现的设备缺陷建立问题库并及时进行整改销号。

7.5.2.2　运行管理

1　电力变（配）电所为两路电源同时受电、10 kV 单母线分段运行。

2　正常运行方式下，一贯电力线路由下行方向的变（配）电所向上行方向的变（配）电所主供电，上行方向的变（配）电所向下行方向的变（配）电所备供电。

3　正常运行方式下，综合贯电力线路由上行方向的变（配）电所向下行方向的变（配）电所主供电，下行方向的变（配）电所向上行方向的变（配）电所备供电。

4　一贯、综合贯主供、备供方向及远动控制方式不得任意改变。

5　计划检修、故障处理需改变一贯、综合贯主供方向，应由铁路局供电调度决定，超过 3 天及以上的应报铁路局批准。备供所连续停用 3 天及以上的应报铁路局批准。

6　非正常运行方式下，变（配）电所一路电源计划停电检修或电源故障时，一贯、综合贯线路改由邻所供电，本所启用母联供其他负荷。

设备检修和故障处理工作完成后,应及时恢复正常运行方式。

7 非正常运行方式下,变(配)电所两路电源同时停电时,由其主供的一级贯通、综合贯通线路分别由相邻配电所供电,并自供自备。当停电的变(配)电所具备送电条件时,应及时恢复正常运行方式。

8 非正常运行方式下,相邻两个变(配)电所向区间一贯、综合贯线路供电(主、备供)相对应的电源同时停电时,应启用两配电所母联开关,分别向区间供电。

9 区间开口作业时,铁路局供电调度应事先将须开口的两个箱变相关开关断开,然后合上备供所该贯通线路断路器,由相邻两个配电所分别供电至开口两端箱变。

10 主供所电源送至备供所一贯、综合贯馈线断路器下桩头,一贯、综合贯线路跳闸后,铁路局供电调度应首先判断跳闸原因,逐步排查,直至恢复正常运行方式。

11 正常运行时小电阻接地装置必须投入,本所一贯、综合贯母线段小电阻接地装置故障时,严禁向一贯、综合贯供电,改由邻所供电。

12 一贯、综合贯应经有载调压隔离变压器供出,以保证电压质量。当主供所的有载调压隔离变压器因故需退出运行时,应由备用所向区间供电。

13 一级贯通、综合贯通严禁并网操作。

14 贯通母线侧电压原则上应控制在 9.5～10 kV 之间,一贯、综合贯末端电压不应超过 10.5 kV。

7.5.2.3 倒闸操作

1 铁路局电调在倒闸操作前:

1)应根据工作票或临时要点工作内容填写"倒闸作业票"或"安全工作命令记录簿",由二人对倒闸作业票的正确性进行确认。

2)检查作业区段及两侧配电所运行数据是否正常。

3)检查一次系统图、二、三级图显示是否正常,预操作的开关位置显示是否正确。

4)检查该供电臂不停电的贯通线路各供电点是否供电正常。

2 倒闸操作时,应注意:

1)分、合开关时,应确认被操作的开关号与倒闸票或调度命令是否一致。

2)本开关的位置、技术参数变化是否正常。

3)箱变的停电操作,先停低压开关,后停高压开关。

7.5.2.4 故障处理

1 铁路局电调是电力故障抢修的直接组织指挥者。

2 供电设备管理单位应成立电力故障抢修领导小组,组长由主要负责人担任,副组长由分管负责人担任,组员由技术、安全、物资、后勤、生产调度等部门人员组成。其所辖供电车间也应成立故障抢修小组。

3 供电设备管理单位应制订电力贯通线、变(配)电所的故障抢修预案。

4 供电设备管理单位抢修领导小组应建立值班制度,完善信息反馈与传递网络。

5 供电设备管理单位电力班组应具有独立的抢修能力,班组负责人即为抢修工作领导人。

6 抢修人员到达现场后,应将故障影响范围、设备损坏情况、初步原因等报告铁路局电调,并提出抢修建议。铁路局电调审核后下令实施。

7 发生设备故障后,故障信息由铁路局电调按以下流程传递:

1)通知供电设备管理单位电力班组、变(配)电所。

2)通知供电设备管理单位生产调度。

3)通知铁路局调度所值班领导、机务处。

8 供电设备管理单位电力班组在接到铁路局电调抢修命令后,按抢修预案出动。

9 铁路局电调接到电力故障信息后,迅速判明故障地点和范围,隔离故障区段,恢复正常设备的供电,通知电力班组出动。

10 配电所及电力贯通线出现故障无法进行远动操作时,在得到铁路局电调的命令后,电力抢修人员应将相应的故障远动执行端“远动”和“当地”转换开关切换至“当地”位,再按铁路局电调或供电设备管理单位生产调度命令进行故障处理。

11 变(配)电所出现跳闸故障时,铁路局电调应根据相关规定对故障区段的供电臂进行相应的停送电操作。

12 主供所电源线路失压时,铁路局电调应通过远动操作或调度许可,确保同一区段的一贯、综合贯由两路独立电源分别供电。

13 发生速断跳闸故障时,铁路局电调远动操作跳闸供电臂相邻两个通过故障电流出现明显差异的远动开关后,由相邻所分别试送电以隔离故障区段。否则,则自邻近配电所送电方向的第一个远动箱变起,依次打开远动开关,逐次试送电查找故障,直至隔离最小的故障区段,恢复非故障区段的设备供电。

14 发生过流跳闸情况时,参照上述方法隔离故障区段,组织抢修。

15 电源线路故障应由铁路局电调或供电设备管理单位调度联系地方供电部门,组织处理。

16 线路故障时,在隔离故障区段后,电力班组检查处理。

17 线路远动箱变、远动房低压侧故障时,铁路局电调远动试送一次,试送不成,通知电力班组现场处理。

18 通道或远动装置故障,不能远方操作时,铁路局电调下令许可,改为当地操作;配电所或远动箱变内设备故障、运行参数不能正常上传铁路局电调时,供电设备管理单位在铁路局电调的统一指挥下,赴现场处理。

19 故障处理结束后,应及时向铁路局电调汇报,确认具备送电条件后,通知铁路局电调送电,并观察送电后设备运行状态。

20 电力抢修人员到达现场后、撤离现场前,应指派专人与铁路局电调保持联系。

7.5.3 牵引变电所安全工作办法

7.5.3.1 牵引变电所工作票制度

1 工作票制度是允许在牵引变电所内进行作业的书面依据,应详细说明作业地点及内容、工作领导人、安全措施及其他特殊要求,必要的作业程序,计划起止时间。

2 工作票应由经过设备管理单位批准的发票人(安全等级不低于

四级)签发,工作领导人安全等级不应低于三级,同一张工作票的签发人和工作领导人应由2人分别担当,不得相互兼任,同时当班值班(守)人员不得兼任工作领导人或发票人。

3　工作票签发人、工作领导人应严格执行作业人员的职责范围。

4　工作票签发人签发工作票时应做到:安排的作业项目须必要和可能;采取的安全措施应正确、完备;配备的工作领导人和作业组成员的人数和条应件符合规定。

5　办理工作票时,需供电调度批准的,应由值班员向供电调度申请,经审查后批准;不需供电调度批准的,应由当班值班员审查后批准,并记录在值班日记中。

6　事故抢修和情况紧急、非专业人员在牵引变电所工作时,按铁道部《牵引变电所安全工作规程》的有关条文办理。

7.5.3.2　牵引变电所要令销令制度

1　需电调批准的倒闸作业、检修作业,由电调发布命令;其余设备的倒闸作业,由变电所值班员批准。

2　电调发布的倒闸命令,经值班员复诵确认无误后方可发布。倒闸作业完毕要及时销令。

3　电调批准的停电作业工作票结束后,及时向电调销令。

4　遇有危及人身安全的紧急情况,值班员先行断开有关的断路器和隔离开关,再报告电调,再合闸时应有电调的命令。

5　停电作业时,销令前,严禁向停电的设备送电。在紧急情况下批准的作业内容未完成但又必须送电时,应按下列规定办理:

1)通知工作领导人,说明原因,暂时结束作业,收回工作票。

2)拆除临时防护栅、接地线和标示牌,恢复常设防护栅和标示牌及其他安全措施。

3)属电调管辖的设备,向电调销令,由电调发布送电命令;其他设备由牵引变电所所长批准送电。

4)值班员应将送电的原因、范围、时间和批准人、联系人的姓名等记入值班日志。

5)不影响供电的未完成作业,可根据现场设备条件,尽可能在当日重新进行,并重新办理工作票,工作内容原则上少于原计划内容。

6 电调对1个牵引变电所1次只能下达1个倒闸作业命令。

7 变电所内由电调远方控制设备的倒闸操作,电调应提前通知值守人员,由值守人员监视设备的操作情况,将倒闸后的情况及时报告电调。

7.5.3.3 牵引变电所验电接地制度

1 需停电检修的设备,电调远方操作或值班员按电调的命令切断电源。

2 应由供电设备管理单位制定GIS设备或与之相连接的电缆停电检修细则。

3 验电前应将验电器在有电的设备上试验,确认良好方可使用。

4 验明设备确已停电后,应及时装设接地线。

5 高压设备验电及装设或拆除接地线时,应由助理值班员操作,值班员监护。

6 接地线应用专用线夹,连接牢固,接触良好,严禁缠绕。每组接地线按电压等级编号并放在固定的地点,装、拆时应依号码进行。

7.5.3.4 牵引变电所开工、收工制度

1 值班员根据工作票按设备管理权限办理停电和准许作业手续,安全措施办理完毕后,会同工作领导人检查、确认后,双方在工作票上签字后,方可作业。

2 作业领导人应主持开工会。

3 拆除接地线时,应经作业领导人同意,拆除和恢复接地线时,应由牵引变电所值班人员进行,并在值班日记中记录拆除时间及原因。

4 作业完毕,作业组应清理现场,并向当班值班员报告工作票作业结束。

5 作业领导人应会同当班值班员检查作业中涉及的所有设备,确认可投入运行时,在工作票中填写结束时间并签字后,值班员方可按规定恢复安全措施结束作业。

6 作业领导人应在工作票结束后,主持召开收工会。

7.5.3.5 牵引变电所自检互检制度

1　供电设备应包保到人或班组，坚持自检互检，保证设备质量。

2　班组应定期自检和互检，并按要求填写检修记录，发现问题详细记录，并汇报电调和生产调度，由调度安排检修、销号。

3　检修记录由设备检修人填写，设备检修人应为该供电设备的包保人，包保人未参加检修，应填写作业领导人，互检人为牵引变电所值班员，互检人应确认检修记录中的修前状态和修中措施，是否达到质量标准。

7.5.3.6　牵引变电所交接班制度

1　接班人员应提前30分钟到达变电所进行交接班准备，交班人员应提前一小时做好交班准备工作。

2　交接班时，交班人员应详细介绍设备运行情况及有关事项，并认真阅读值班日记及有关记录，熟悉前两个班的情况，由交班助理值班员陪同接班人员全面巡视并交接。

3　正在处理故障或进行倒闸作业时不得进行交接班。

4　未办完交接班手续时交班人员不得擅离职守，应继续担当值班工作。

5　交接班人员双方确认交接清楚，办理签字手续后，交接班正式结束。有未结束的工作时，应由接班值班员向电调报告交接班情况。

7.5.3.7　牵引变电所值班制度

牵引变电所由供电设备管理单位应安排具有规定安全等级的人员分别担当值班员、助理值班员，行使变电所值班人员职责。

1　牵引变电所当班值班人员应接受电调的统一指挥，保证安全可靠不间断地供电，应做到：

1)掌握设备现状，监视设备运行。

2)按规定进行倒闸作业，做好作业地点的安全措施，办理准许及结束作业手续，并参加有关的验收工作。

3)及时、正确地填写值班日记和有关记录。

4)及时发现和准确、迅速处理故障并将处理情况报告电调、生产调度及有关部门。

2　每班2名人员值班，1名为值班员，安全等级不低于三级；另1

名为助理值班员，其安全等级不低于二级。

3 所内有检修作业时，牵引变电所工长和值班员要随时巡视作业地点，了解工作情况，发现不安全情况要及时提出，若有危及人身、行车、设备安全的紧急情况时，有权制止其作业，收回工作票，令其撤出作业地点，必须继续进行作业时，应重新办理准许作业手续，并将中断作业的地点、时间和原因记入值班日记中。

7.5.3.8 牵引变电所倒闸作业制度

1 电调管辖的倒闸作业，由变电所值班人员进行倒闸时，应有电调命令。

2 不属电调管辖设备的倒闸由变电所当班值班员批准并操作，同时要记录在值班日记中。

3 一个倒闸命令只允许有一张操作卡片或一张倒闸表所具备的项目。

4 倒闸作业应有 2 人同时进行，并由助理值班员操作，值班员监护。

5 操作前，应在模拟图上进行模拟，确认无误后方可进行倒闸作业。

6 倒闸作业应做到看准操作卡片，对准设备编号，站准操作位置。

7 倒闸作业完成后，值班员应向电调报告，电调及时发布完成时间，同时双方在倒闸操作命令记录中做好记录。

8 在无人值班的分区所、AT 所、开闭所，其运行倒闸操作采用远动方式进行，由所内当地进行倒闸时，应由供电设备管理单位安排人员分别担当值班员、助理值班员，行使变电所值班人员职责。

9 变电所采用远动装置进行倒闸作业时，应遵守以下规定：

1)倒闸作业前 10 min 内电调应通知值班人员倒闸计划及过程。值班人员接到通知后监视倒闸过程及设备的动作情况，观察信号、仪表显示情况，向电调汇报并在值班日记中做好详细记录。馈线的停送电，值班人员应按照电调要求验电。

2)远动倒闸操作时，值班人员应在值班日记上记录电调对倒闸的通知时间、馈线停电、送电时间。

3)在远动回路出现故障导致开关不能正常分合闸时,由电调命令值班人员在所内进行倒闸作业。

7.5.3.9 牵引变电所巡视制度

1 值班人员每班 10:00、14:00、18:00、22:00 全面巡视 1 次(不包括交接班巡视),每周星期天零时熄灯巡视一次,并须按巡视路线图巡视。每次断路器跳闸后对有关设备应进行巡视,在遇有雾、雪、大风和其他特殊情况以及雷、雨之后,要适当增加巡视次数。

2 变压器投入运行后 24 h 内,应每隔 2 h 巡视一次。

3 变电所工长日勤期间,应参加交接班巡视。

4 巡视结果应在值班日记中记录,及时汇报并处理危及安全的缺陷。

5 牵引变电所值班员和工长,安全等级不低于四级的检修人员、技术人员和主管领导干部,可单独进行巡视。当一人单独巡视时应通知值班员,且禁止移开、越过高压设备的防护栅或进入高压分间。如需移开高压设备的防护栅或进入高压分间时,应与带电部分保持足够的安全距离,并应有安全等级不低于三级的人员在场监护。

6 值班员巡视时,应事先通知电调或助理值班员,其他人员巡视时要经值班员同意。

7 按《牵引变电所运行检修规程》规定的项目和要求进行交接班巡视。巡视时,应由接班值班员指出巡视内容,交班助理值班员回答设备状况,接班助理值班员可进行补充。

7.5.3.10 无人值班所巡视制度

1 巡视人员应具备相应的安全等级,由供电设备管理单位指定车间、维修班组或变电所的设备包保人员负责巡视,按照每周不少于 1 次的周期进行,每两月安排 1 次夜间巡视,巡视项目比照有人值班所进行,每所建立巡视记录台账。

2 在暴雨、台风季节,每周应巡视 2 次。

3 巡视工作应至少有 2 人进行,按照有人值班所的巡视规定执行。

7.6 总 师 室

应发布联调联试期间临时行车办法，明确试验范围、主要技术标准、试验列车、信号系统、调度集成、列车运行控制系统、通信系统、行车组织、信号显示等内容。

1 联调联试方案

1)铁路局应成立联调联试现场指挥部，全面负责联调联试及检测试验期间的组织协调，负责试验计划的组织实施、试验列车的统一指挥，负责施工计划安排、试验列车放行条件的确认等工作。

2)铁路局成立联调联试临时调度所，负责新建铁路不涉及既有线的调度指挥；涉及即有线的调度指挥由铁路局调度所负责。

3)试验范围：高速铁路起点车站～终点站的正线和到发线；高速铁路车站～动车运用所的正线和站线。

4)试验项目：具体试验项目参见本书第十节联调联试有关试验内容。

5)铁路局联调联试现场指挥部，试验前在铁路局办公自动化系统中公布试验列车开行与回送计划、车次、运行时刻、试验项目、安全注意事项等具体试验方案。

2 技术设备

1)基本概况

①技术标准，线路长度、车站和线路所的基本情况。

②技术作业专用通道和处所、轨道结构类型、设计最高时速。

③接入既有线的基本情况。

2)动车组及机车

①联调联试动车组类型、列控车载设备类型，跨线适应性试验动车组类型，运行试验配属本线运行动车组。

②试验用动车组应由铁路局车辆部门配备有关备品，存放固定地点。

③试验动车组应具备在20‰坡道上无动力停放制动时不溜逸的能力。

④动车组装备车载自动过分相装置，试验前期采用手动过分相方法通过电分相，经试验具备自动过分相功能后，可采用自动过分相方式通过电分相，但应在试验计划中明确。

⑤其他参加联调联试的机车和动车组均应装备综合无线通信(CIR)设备，相关人员应配备手持终端，LKJ 设备写入线路基础数据。

3)信号系统

①信号系统主要由调度集中控制系统(CTC)、列车运行控制系统(以下简称列控系统)、车站联锁系统和信号集中监测等子系统组成。

②列车运行控制系统采用 CTCS－3 级和 CTCS－2 级列控系统。

③完全监控模式是列车的正常运行模式。

④明确区间配备列控系统类型。

⑤铁路局调度所设 CTC 中心、无线闭塞中心(RBC)，临时调度所设 CTC 或 TDCS 设备(具备向车站下达调度命令功能)、FAS 台和铁路自动电话。新建车站(场)、线路所设置车站计算机联锁、列控中心、微机监测、轨道电路等设备。

⑥RBC 根据联锁提供的信号授权信息，通过 GSM－R 向车载列控设备传送，并接收车载设备发送的列车位置报告等信息。

⑦列控中心设备实时采集轨道电路占用/空闲状态信息，并根据闭塞分区状态、进路信息等控制轨道电路编码，通过 LEU 控制有源应答器向列车发送线路参数和临时限速等信息。

⑧CTCS－3 级列控系统控车时，车载设备 CTCS－2 单元根据接收到的轨道电路信息、应答器信息实时计算目标距离连续速度模式曲线，但不参与控车，也不提供给 DMI 显示。

⑨CTCS－3 级列控系统与后备模式 CTCS－2 级之间的切换需采用手动方式时，应由现场指挥部确定。

4)调度集中

①采用综合型运营调度系统。

②分散自律调度集中系统在信号设备控制与行车指挥方式上设有分散自律控制和非常站控两种模式。在临时调度所 CTC 设备未完善前，新建车站(场)、线路所均采用非常站控模式办理行车。

③控制模式的转换由车站值班员在 CTC 车站终端上进行控制操作。

④在联锁终端和 CTC 车站终端上设有控制模式状态表示灯，其红灯为非常站控模式；绿灯为分散自律控制模式；黄灯为允许转回分散自律控制模式。

⑤转换控制模式后，车站值班员应及时与列车调度员核对线路、道岔或信号的封锁条件。

⑥调度集中区段内行车室的行车备品的配备应按《行规》规定执行，临时调度所按规定配置有关台账、簿册。

⑦临时调度所不具备通过 GSM－R 网络向列车司机发送调度命令、行车凭证和调车作业通知单等功能时，有关命令、指示应通过车站按规定使用列车无线调度通信设备或书面向司机下达、转达。

5)列车运行控制系统

①300 km/h 及以上动车组应在 CTCS－3 级列控系统的监控下运行。

②CTCS－3 级列控系统通过临时限速服务器统一执行临时限速的下达与取消等功能。

③CTCS－3 级列控车载设备具备公里标、车站名、牵引供电分相标等信息显示功能，作为司机驾驶的辅助信息。

④列控车载设备 CTCS－3 级的控车模式有完全监控、引导、目视行车、调车、隔离、待机等模式。CTCS－2 级为后备控车模式，有完全监控、部分监控、目视行车、调车、隔离、待机和机车信号等模式。

⑤联调联试期间，由于列控系统在验证中，试验列车具体控车模式由临时调度所根据设备情况，应在联调联试计划中确定。

6)通信系统

①GSM－R 在铁路沿线提供单网交织无线覆盖，为 CTCS－3 级列控系统提供数据传输业务。GSM－R 在非连续基站故障条件下的场强覆盖应高于－92dBm，服务质量应满足列车运行控制信息传送业务的要求。

②调度系统采用数字调度系统，提供固定调度电话、站场电话、站

间行车电话以及其他专用电话业务，通过与 GSM－R 交换机互联，实现固定用户与移动用户通信。联调联试期间，因临时调度所未接入数字调度系统，应采用铁路自动电话指挥行车。

3 行车组织

1）基本要求

①临时调度所设列车调度员、供电调度员，其职责见本书第十节。

②沿线车站（场）应配备车站值班员、助理值班员，线路所配备助理值班员。联调联试及运行试验期间，车站、线路所均应指派人员负责行车安全。

③行车设备发生故障，车站值班员应向列车调度员汇报，并在《行车设备检查登记簿》中登记，通知设备管理单位组织施工单位、集成商及相关人员进行处置。

2）行车闭塞、调度命令

①双线区段闭塞设备应具备正方向自动闭塞、反方向自动站间闭塞的行车功能。

②在列控车载设备正常情况下，行车凭证为列控车载设备显示的允许运行信号；反向运行，CTCS－3 级列控系统最高允许速度为300 km/h。

③装备 CTCS－3 级列控车载设备的动车组，应根据显示的允许运行信号运行；未装备列控车载设备的检测列车按地面列车信号机的显示运行。

④接、发车进路出现红光带时，列车调度员（车站值班员）确认接、发车进路上无列车占用后，排列进路、开放引导信号，RBC 向列车发送引导模式的行车许可，以引导模式接发车。

⑤车站接发车进路锁闭而列车还未占用进路轨道区段时，锁闭进路中发生道岔失去表示故障，应及时使接近该进路的列车停车。

⑥向司机发布调度命令，宜在列车进入关系地点前的停车站开车前交付。列车调度员使用 CTC 终端向司机下达调度命令时，司机应及时签认接收。

遇不能收发书面调度命令时，应在通信记录装置良好的情况下，由列车调度员亲自或通过车站值班员向司机传达，司机记录、执行。

3)列车运行

①应根据联调联试及运行试验方案编制列车运行计划，列车调度员应根据具体情况实时调整。

②CTCS－3级列控车载设备不能使用时，司机应立即报告列车调度员，列车调度员在确认该列车至前方站无列车占用后，发布调度命令改为隔离模式，以不超过40 km/h的速度运行至前方站进站信号机，按其显示运行。

③列车在区间被迫停车需返回后方站时，列车调度员应在确认列车至后方站间空闲的情况下，方可发布调度命令，司机将列控车载设备转入隔离模式，按调度命令操纵列车返回。

④检测列车和试验动车组均应执行车机联控。

⑤联调联试及运行试验时列车最高运行速度不得超过线路允许速度。

⑥列控限速调度命令应由列车调度员拟定，并输入限速参数，及时下发、发送至相关车站。相关车站应按规定程序签收、发送至车站列控中心，由列控系统执行。在列控限速调度命令系统未启用前，有关线路限速和限速试验项目，电务部门根据列车调度员的布置，统一负责设置和发送。

低于45 km/h的限速，除列控系统按限速45 km/h设置外，列车调度员按规定向司机发布实际限速调度命令，司机按调度命令的要求人工控制列车速度。

4)调车工作

①临时调度所负责指挥期间，车站的调车工作，由车站值班员统一负责。

②无论有无隔开设备，各站均应提前20 min停止影响列车进路的调车及其他作业。

③车站停留的车辆应采取防溜措施，试验列车开行前，车站应落实专人进行检查确认。

4　信号显示

1)车站设置进站信号机、出站信号机。

2)采用列控车载设备方式控车时,地面信号常态灭灯。

3)车站以及线路所进、出站信号机正常状态不显示,仅起停车位置作用。对装备 CTCS－3 级列控车载设备的动车组列车,因故转入隔离模式运行以及接入机车信号、LKJ 设备故障或接发施工路用列车时,信号机点亮,按地面信号显示运行。灭灯视为红灯。

4)在 CTCS－3 级区段,区间正线上每个闭塞分区分界处应设置一个区间信号标志牌。

5)调谐区两端外方 1 m 处应各设一个调谐区标,闭塞分区边界处的轨道电路调谐区正向设置Ⅰ型调谐区标,兼作 CTCS－2 级闭塞分区分界标,反向设置Ⅲ型调谐区标。闭塞分区内轨道电路长度超过 1 200 m的用电气绝缘进行分割,分割点调谐区正、反方向均设置Ⅲ型调谐区标。

7.7 车 辆 处

联调联试期间,铁路局车辆处应制定有关试验列车的检修、保养等安全管理规定。主要内容如下:

1 动车组应能进入就近的动车运用所,进行检修、保养工作,以保证动车组的良好技术状态。

2 车辆乘务员途中应随时检查风表、轴报、电子防滑器主机等工作状态,车辆运行异常时,应立即联系司机停车检查,确认无事后方可开车。

3 库检作业应加强柴油机组滤芯的清洁保养工作及走行部的检查,重点检查制动、钩缓、悬吊装置、轮对、轴箱定位装置。

4 检测列车每次终到后,车辆乘务员应下车检查轴温、走行部,重点检查转向架内有无异物。

5 运行途中发生异常情况时,车辆乘务员应立即汇报。试验结束回库后,车辆乘务员应到值班室报到,并汇报运行情况。

6 临时调度所应重点掌握检测列车运行情况,一般情况下,运行途中不进行解编;需解编时应通知车辆乘务员及时进行摘除电力连接线作业。

7.8 铁路公安局

1 应制定安全防护设施、作业通道、站区和区间线路巡查及看守制度。

2 应制定动车试验列车临时停放的看守制度。

3 应制定动车组试验列车运行期间按照三级专运任务安全保卫的制度办法。

7.9 安监室

7.9.1 联调联试期间安全管理办法

1 铁路局安监室应成立联调联试安全工作领导小组。组长由安监室主任担任，副组长由安监室副主任担任，组员由安监室（安全监察队）相关专业监察担任。

2 从联调联试准备期开始，铁路局安监室（安全监察队）应组织专门力量，根据联调联试现场指挥组的统一安排和运输组织、施工、维修单位上报的计划安排及安全措施，每日对安全关键、作业条件、现场安全控制措施和干部把关等审核确认，确保联调联试期间动车组、检测车开行的绝对安全。

3 铁路局安监室应加强对运输组织、施工、设备管理单位“天窗修”组织作业情况的检查监督，严格“行车不作业、作业不行车”制度，对动车组、检测车开行前停止作业情况、沿线路材路料的堆放以及设备设施完好等进行抽查，并每天通报。

4 应依据铁道部《关于印发〈新建铁路项目安全评估暂行办法〉的通知》的规定，做好安全预评估准备工作。

5 督查项目管理机构和业务部门落实问题整改销号制度，抽查问题整改情况，督促问题解决。

6 严格按照试验大纲要求，安排列车运行计划，严禁无计划和越级指挥行车，加强信息畅通，发生事故或故障应立即报告调度所、安监室和现场指挥部。

7.9.2 联调联试及运行试验应急预案

7.9.2.1 基本规定

1 应依据《中华人民共和国安全生产法》、《中华人民共和国铁路法》、《中华人民共和国消防法》、《中华人民共和国铁路运输安全保护条例》、《国家处置铁路行车事故应急预案》、《生产安全事故报告和调查处理条例》、《铁路交通事故应急救援和调查处理条例》;铁道部《铁路技术管理规程》、《铁路调度规则》和铁路局有关行车组织规则及铁路交通事故应急预案的有关规定及《联调联试大纲》有关要求编制应急预案。

2 应把保障人民生命财产安全和最大限度地减少事故损失作为首要任务;应把最快速度恢复联调联试及运行试验秩序作为主要目标;应坚持安全第一、预防为主,救人为本、通车为先的基本原则;应严格遵循及时通报、统一领导、集中指挥、快速反应、紧急处置、归口负责、分级管理、分工协作、各负其责的基本制度。

7.9.2.2 组织体系及职责

1 组织机构

铁路局应成立联调联试及试运行期间突发事件应急领导小组(以下简称应急领导小组),由铁路局分管建设、运输、安全副局长任组长,铁路局总调度长、项目管理机构负责人任副组长,铁路局办公、安监室,运输、客运、货运、机务、工务、电务、车辆、建设、财务处,调度所,工会生产和文体部,宣传部,铁路公安局,设备管理单位负责人以及项目管理机构各部门负责人任组员。

应急领导小组下设办公室,办公室设在铁路局应急救援指挥中心(临时调度所),负责承担有关协调指挥工作。

2 应急领导小组职责:

1)统一领导联调联试及运行试验期间突发事件行车组织应急处置工作。

2)协调有关设备管理单位之间的应急处置工作。

3)需地方政府协助时,负责与其沟通协调。

4)引发其他事故灾难时,决定启动相关应急预案。

5)决定向铁道部应急机构请求支援和报告。

6)负责决策重大、紧急事项。

3 有关部门职责

1)铁路局办公室

①负责与铁道部办公厅及有关部门的协调、联系,传达落实应急领导小组的指示。

②负责应急协调组的后勤保障支持。

③按应急领导小组指示,负责向铁道部应急指挥机构请示汇报、与地方相关部门沟通协调。

2)铁路局安全监察室负责开展铁路交通事故调查,协调相关工作。

3)铁路局运输处负责联调联试及运行试验期间非正常情况行车组织方案的制订和调整,主要职责:

①根据突发事件对行车组织的影响程度,制订行车组织调整方案。

②协调交通事故现场的行车组织指挥工作。

4)铁路局客运处负责制订疏散检测人员和救护伤员等客运组织工作方案。

5)临时调度所负责联调联试及运行试验期间突发事件的通报、应急救援组织、协调和行车组织指挥工作。并负责及时收集掌握联调联试及运行试验期间突发事件的报告,负责督办落实上级和铁路局领导有关应急处置的指示、命令。

6)铁路公安局负责治安保卫和调查取证,主要职责:

①协调对现场的调查、现场录像、照相、取证等工作。

②负责对现场保卫和人员疏散。

③负责对触及法律和破坏性事故的调查处置。

7)铁路局劳卫处负责协调医疗救护和组织卫生防疫,主要职责:

①负责与地方卫生部门沟通协调,有序开展医疗救援。

②负责做好救援现场的卫生防疫和饮食、饮水的卫生监督。

8)铁路局宣传部负责落实对外宣传报道,负责做好有关工作。

9)铁路局财务处负责应急处置有关资金保障。

10)铁路局工会生产和文体部负责组织、协调伤亡人员的善后处置,做好有关接待和安抚。

11)铁路局相关业务处室负责事故(故障)时所使用行车设备的抢修救援,确保运输畅通。

12)相关站段负责现场抢修救援、善后处理,主要职责:

①提供突发事件现场的准确信息和抢修救援恢复建议。

②负责现场的具体救援指挥和行车组织。

③组织清理事故现场,配合做好事故善后工作。

13)项目管理机构应服从铁路局应急救援指挥中心协调指挥,积极主动介入,负责应急救援后勤保障。

4 事故现场应急救援指挥部及职责

应急领导小组根据事故情况临时指定事故现场应急救援指挥部组成人员;现场应急救援指挥部负责组织、协调和指导事故现场救援工作。

7.9.2.3 应急响应

1 应急响应标准

接到事故救援报告后,应根据事故严重程度和影响范围,按特别重大、重大、较大、一般四个等级,由相应单位、部门作出应急救援响应,启动应急预案。

2 应急响应行动

1)接到影响试运行列车行车的信息,在尚未确定事件级别、实施分级响应之前,项目管理机构和事发地有关单位主要领导要立即派员赶赴现场,组织指挥有关人员进行先期处置。发生设备故障,项目管理机构应迅速处置,尽快恢复正常,铁路局设备管理部门、单位要加强协调配合。

2)在采取先期处置措施的同时,事发地各单位应对事件的性质、类别、危害程度、影响范围等因素进行初步评估,及时向铁路局应急救援指挥中心报告,当非正常情况影响行车达到预案规定的应急响应标准和条件时,启动相应级别预案。

3)涉及火灾、动车组、自然灾害等突发事件和铁路交通事故时,根据需要启动相应应急预案。

3 响应程序

联调联试及运行试验期间发生冲突、脱轨、火灾或爆炸事故时，应立即报告临时调度所列车调度员和铁路局安全监察室，临时调度所列车调度员和铁路局安全监察室接到事故报告后，应立即报告联调联试指挥部、本部门负责人、总调度长、铁路局应急管理办公室和项目管理机构负责人；铁路局应急管理办公室报告分管副局长和局长，根据情况及时通知应急领导小组其他成员。

4 指挥和协调

1)事故发生后，应按照分级响应的原则立即启动相应预案，组织事故救援。

2)应急领导小组代表铁路局全权负责联调联试及运行试验期间事故应急协调指挥工作，铁路局有关部门根据职责分工负责协调相关工作。

3)应急领导小组成员未到达现场之前，项目管理机构和有关站段应迅速组织救援力量实施救援。

5 应急处置

应急领导小组应根据具体情况和实际需要调动应急队伍，集结专用设备、物资、药品等，落实处置措施。

6 救护和医疗

1)设备管理单位应按照本单位应急预案中确定的医疗救护方式，迅速联系地方医疗机构，配合协助医疗部门开展紧急医疗救护和现场卫生处置。

2)应急领导小组应根据现场请求，及时协调实施医疗救护、伤员转运及卫生防疫工作。

7 应急人员的安全防护

应急救援起复方案，应在确保现场人员安全的情况下实施。应急救援人员的自身安全防护，应按设备、设施操作规程和标准执行。

8 社会力量的动员与参与

应急领导小组或授权的现场抢修救援指挥部商请地方人民政府启动相应的社会力量，参与应急处置。社会力量参与应急救援，应在现场应急救援指挥部统一领导下开展工作。

9 新闻发布

突发事件的新闻发布，按照试验对外宣传报道由铁道部统一对外的规定执行；铁路局按规定程序及时报铁道部政治部、宣传部和有关部门，请示有关信息发布工作，在授权下可由应急领导小组确定新闻发言人，按照国家有关突发事件新闻发布的原则、内容、规范性格式，审查、确定发布时机和方式，向社会和媒体通报有关情况。

10 应急结束

当事故发生现场对人员的危害性消除，伤亡人员已得到医疗救护和安置，恢复正常后，经现场救援指挥部批准，现场应急救援工作结束。应急救援队伍撤离现场，按“谁启动、谁结束”的原则，宣布应急结束。

7.9.2.4 后期处理

1 善后处置

项目管理机构负责组织善后处置工作。应急领导小组协调有关部门和单位做好善后处置工作。善后处置工作主要包括：对事故现场进行清理，对造成伤亡的人员及时进行医疗救助或给予抚恤，对紧急调集、征用的人力和物资按规定给予补偿等；及时通知保险机构开展对应急处置人员和受灾人员保险的受理、赔付工作。

2 事故调查

铁路局安全监察室及有关部门应按相关规定和程序，组织对事故进行调查处置，并提出整改措施，形成书面报告，由应急领导小组办公室汇总后报应急领导小组。

7.9.2.5 保障措施

1 通信保障

应根据应急处置需要，由项目管理机构负责，铁路局电务处配合组织协调通信工作，保证应急救援通信的畅通。

2 交通运输保障

启动应急预案期间，根据需要，由现场抢修救援指挥部商请交通管理部门实行必要的交通管制，保障应急处置期间的交通运输。

3 治安保障

启动预案期间，铁路公安部门负责对事故现场的安全警戒，维护现场秩序，提供治安保障。

4 医疗卫生保障

铁路局劳卫处负责组织协调医疗卫生保障工作。应急抢修救援时，应积极与地方卫生部门协调，根据事故现场的需要，及时协调有关医疗专家和医疗卫生小分队进入现场，实施对伤病员的救护。

5 监督检查

应急领导小组应对预案实施的全过程进行检查督促，确保应急措施到位。项目管理机构和各设备管理单位应根据应急预案的要求，定期检查本部门应急人员、设施、装备等资源的落实情况。

8 专项布置

8.1 剩余工程推进

8.1.1 时间

可在联调联试开始前2～3个月，铁路局组织召开剩余工程推进布置会。

8.1.2 内容

1 铁路局应围绕联调联试前剩余工程推进实现“轨通、网通、缆通和电通”目标，加强站前、站后施工组织安排，盯控电缆敷设、焊联锁定、接触网挂线等关键工作，集中力量开展阶段性攻坚。

2 铁路局应与施工、设计、监理单位签订安全质量责任状，布置工程推进工作。

3 铁路局建设处应对剩余工作全面梳理，合理安排时间节点，公布剩余工程推进计划和考核措施。重点明确以下方面：

1)轨道精调：检测列车上线前应完成全线道岔、线路精调。

2)接触网挂线：应在预定送电日期之前完成所有正线、站线接触网挂线和精调作业。

3)安全设施：检测列车上线前应安装完毕防护栅栏及上跨立交桥防抛网。

4)绿化工程：全面推进全线绿化，提前做好准备工作，及时安排植树、种草。

5)雨棚吊装、装修、站台面铺装施工：应在预定的接触网送电日期之前全面完成剩余工作量。

4 项目理机构应总结全线工程进展情况，明确下一阶段的节点目标，合理安排线下、铺轨、站房、四电等交叉工程及难点、重点站区的施工协调。

5 施工单位应总结工程进展情况，明确工程下一步推进计划。

6 应明确质量控制关键点。主要包含：

1)接触网及立柱、电缆等施工质量。

2)无缝线路焊接质量、锁定轨温控制。

3)防电缆损伤。

4)站场电缆综合管道施工质量。

5)栅栏施工质量。

6)站台面铺装质量。

7)站房装修质量。

8)天桥、地道施工质量。

7 应明确安全控制重点。主要包含:

1)既有线改造和过渡施工。

2)大型设备施工安全管理,特别是吊装施工作业。

3)高空作业安全,重点是站房、四电施工。

8.1.3 要求

1 应落实各级管理干部包保制度,对关键项目及进度严重滞后的工点派员驻点协调。工期节点滞后3 d,项目管理机构工程部长应现场蹲点协调督导;滞后5 d,项目管理机构分管领导应现场蹲点协调督导;滞后8 d,项目管理机构主要领导应现场蹲点协调督导;滞后10 d,铁路局分管领导应现场协调督导。

2 项目管理机构应按照统一部署、统一记录、统一分析的工作方法,定人、定岗、定责、定期、定点检查,落实主要领导负责制度。

3 施工单位应按照工期节点目标,动态调整施工设备和人员投入。

4 监理单位全面协调,及时提出问题、组织解决。

5 设备管理单位应全面充实人员,加大提前介入力度。

6 实行施工单位红、黄、白旗积分考核,每日对前一天的施工进度情况进行点评。

8.2 静态验收

8.2.1 时间

可在联调联试开始前1～2月,铁路局组织召开静态验收布置会议。

8.2.2 内容

1 铁路局应成立验收领导小组和验收工作组，设计、施工、监理单位和项目管理机构参加，按照专业分工的原则，提前熟悉工程设计及验收标准，对照静态验收依据和标准，对建设工程和设备安装质量全面检查验收。

2 铁路局各业务部门就静态验收工作制定指导性文件，实行规范化、标准化管理。

3 项目管理机构应制定静态验收实施方案，由铁路局建设处审核后报静态验收工作组。明确静态验收工作组的验收安排、范围、时间、负责人等，并落实设计、施工、监理单位及项目管理机构的具体参加验收人员。

4 验收工作组应及时归类整理发现的问题，以整改通知书的形式交付项目管理机构，由其督促施工单位纠缺整改。

5 验收工作组应按时形成专业静态验收报告。

6 施工、监理、设备接管单位和项目管理机构应按照铁路局相关要求及时上报静态验收有关资料，为联调联试工作的正式开展做准备。

8.2.3 要求

1 铁路局应加强专业验收中的组织领导。

2 验收工作组应配备足够数量的专业技术人员，参加验收人员应经过相关业务知识培训，掌握质量标准、验收程序和要求。

3 铁路局静态验收工作组组长每周应召开一次验收协调会，及时分析、处理验收中存在的有关问题，并向铁路局静态验收领导小组汇报验收进展情况。

4 铁路局业务处室和相关单位应按专业分工的原则，统筹协调设备接管单位的验收计划，跟踪验收过程，及时解决问题，全面验收总结。

5 铁路局业务处室和项目管理机构在专业验收中应坚持标准、落实责任、加强过程控制，做到不达标、不验收、不签认、不交接。

6 项目管理机构应落实验收组织，指定专人负责工作组与设备管理单位、铁路局业务处室的联系，及时归类、整理静态验收中存在的问题，制定整改计划。

7 设备接管单位应坚持高标准、超常规、以我为主、深度介入，做到建成一段、验收一段、整改一段、达标一段。

8 应严格实行工序验收签认制度，做到整改一项、验收一项、达标一项。

8.3 标准化评定

8.3.1 时间

可在静态验收完成后、联调联试开始前，铁路局组织召开标准化评定布置会。

8.3.2 内容

1 铁路局可成立由分管建设的副局长任组长，项目管理机构负责人任副组长，相关业务处室负责人任组员的标准化评定领导小组，结合联调联试的总体安排，布置标准化评定工作。

2 明确标准化评定时间安排、评定方式、验收标准。

3 专业评定组应根据评定检查情况做好记录、研讨和总结，并及时反馈项目管理机构。

4 专业评定组应规范检查、规范评定、规范达标、规范管理、建立问题库，针对检查出的问题与项目管理机构、施工及设计单位共同研究，系统优化。

5 总结工程建设管理上的先进经验和创新思路，思考高速铁路工程建设安全管理的长效机制及办法。

8.3.3 要求

1 应坚持精细化验收原则，根据验收评定标准，按照计划安排，严格执行徒步检查验收制度，做到全方面、全覆盖、逐公里、逐项平推检查。

2 应坚持确认签认留名原则，做到评分客观、科学，扣分点明确，扣分依据具体，验收记录齐全，验收组成员签字确认。

3 应坚持综合评定原则，按照标准化评定要求进行打分，按总分排序，将推荐名单报领导小组，综合评定出标准化示范工程。

4 应坚持评定与奖罚结合的原则，每一阶段评定出标准化项目部和标杆项目经理，并由项目管理机构对施工单位项目经理的综合表现进行鉴定。

5 应坚持评定与信用评价挂钩的原则，最终综合评定成绩纳入铁路局施工企业信用评价。

8.4 接触网冷、热滑

8.4.1 时间

可在接触网冷滑前15～20日，铁路局组织召开接触网冷、热滑准备工作布置会。

图 8.4.1 接触网冷、热滑工作部署会

8.4.2 内容

1 明确冷、热滑试验的组织领导和各方职责。

2 明确冷、热滑试验的方案和试验期间的行车组织。

3 加快轨道精调和接触网挂线、精调进度。

4 布置试验期间的安全工作。

5 落实试验检测出问题的整改。

8.4.3 要求

1 铁路局应成立由分管建设的副局长任组长，业务处室及有关单位负责人为组员的试验领导小组，提前组织冷、热滑试验方案的审查，协调推进冷、热滑试验工作。

2 铁路局运输处负责冷、热滑试验车运行的运输组织。

3 铁路局机务处负责编制冷、热滑试验方案。

4 项目管理机构负责冷、热滑试验的组织实施，安排干部包保把关，检查安全措施落实情况。

5 接触网施工单位负责提前调入冷滑试验车，确保冷滑试验车状态良好。

6 铁路局车务站段负责行车组织工作、检查安全措施落实情况。

7 应提前对影响安全运营的路内、外电力线路，建筑物及树木进行全面检查，做好线上人员、机具、材料的清理工作。

8 应确认支持装置、定位装置、锚段关节及线岔等部位符合要求。

9 冷、热滑过程应严格按批准的方案组织实施。

10 吊弦线夹、定位线夹、中心锚结线夹、电连接线夹、分段绝缘器、线岔等无碰弓现象和不允许的硬点。

11 冷滑试验后，施工单位应对拉出值、抬升量超标和高差超限等问题及时组织整改落实。

8.5 接触网送电

8.5.1 时间

可在接触网送电前15日，铁路局组织召开接触网送电布置会。

8.5.2 内容

1 明确送电开通范围和主要时间节点安排。

2 明确送电开通的组织领导和各方职责。

3 布置接触网送电开通前的安全检查工作。

4 落实送电安全确认和相关准备工作。

5 落实接触网送电开通以后的安全技术措施。

图 8.5.2 接触网送电工作部署会

8.5.3 要求

1 铁路局应由分管建设的副局长任组长，业务处室及有关单位负责人为组员的送电开通领导小组，负责全线送电开通总体协调工作，部署全线送电开通时间节点和工作任务，向送电现场指挥组下达送电命令，研究决策送电过程中突发的重大、疑难问题。

2 铁路局应成立送电现场指挥组和技术专家组、电调作业组、变电专业组、接触网专业组、应急抢修组等专业组。送电现场指挥组负责高速铁路牵引供电系统送电开通的组织实施工作和现场接触网送电、检修及事故抢修、调度协调工作。专业小组负责各专业的具体工作，针对现场发生的问题，及时分析故障或问题根源，提出解决方案。

3 铁路局机务处、安监室负责在电视台、媒体网络上和沿线各地发布送电公告，公告时间不少于半个月。

4 铁路局机务处负责送电安全协议及责任签认，设备管理、行车组织单位和参建单位均应签认。

5 项目管理机构会同铁路局机务处负责供用电协议签订，会同铁路局调度所负责调度协议签订。

6 送电前，项目管理机构应组织设计、施工、监理及相关设备管理单位对全部供电设备进行安全检查确认。接触网以区间和车站为单元、牵引变电设备以所亭为单元进行逐项检查，确认工程质量符合设计要求。

1)所有影响送电安全的树木、高低压电力线路、通讯光缆、广播线等的处理符合要求。

2)所有开关位置、状态符合要求。

3)各类电连接应状态良好，密贴可靠，连接牢固。

4)所有接触网带电体与接地体和建筑限界之间的有效绝缘距离符合要求。

5)各种接地符合设计要求，送电前 2 d，进行接触网绝缘、导通试验。

6)各类标识齐全。

7)电分段、分相位置正确，牵引所亭自用电源均正常投入。

8)拉出值、导高、相邻吊弦点高差、动态包络线、导线最低高度符合要求。

7 其他参建单位应和电气化施工单位签订施工配合协议明确安全注意事项、停电配合作业程序和联系方式等，确保正常施工计划和安全不受干扰影响。

8 各单位应成立安全检查组，在接触网送电前以及开通后的一周时间内，安排称职的安全防护员在现场把关。

9 进一步补充完善应急预案。各单位要全面预想分析行车安全和劳动安全方面可能发生的各类问题，从人、机、物、料、环等不同角度，对本单位的应急预案进行重新梳理，做到拾遗补缺，进一步完善本单位的应急预案。

10 送电后，各单位应坚决贯彻既有电气化区段施工管理各项规定，切实按照施工计划报批、提前驻站要令和施工登销记制度等程序规定开展电气化区段施工维修作业，杜绝无计划施工或不按计划施工的违章作业。严格执行作业车、平板车、梯车等轨行机具的锁停存放规定，认真落实起吊机、挖掘机、灌浆机等大型旋臂机械的“一人一机一防护”措施，切实防范临时动力线、绑扎带、宣传横幅、大型包装膜板、长大件线材等侵限措施。

8.6 轨检车、动检车上线

8.6.1 时间

可在轨检车、动检车上线前 7～15 日，铁路局组织召开轨检车、动检车上线准备工作布置会。

图 8.6.1 轨检车、动检车上线工作部署会

8.6.2 内容

1 布置通信、信号、弓网(含到发线)、轨道等动态检验项目。

2 供电系统应确保检测车安全稳定运行。

3 沿线栅栏应实现全封闭，应急通道实行昼夜值守。

4 做好技术资料交接、自轮运转设备止轮状态的确认，沿线路料路材清理，电气化施工梯车下线，桥梁设备下部大型起吊设备确认，上跨作业审查把控。

5 联锁相关设备稳定，确保通信、信号正常运行。

8.6.3 要求

1 铁路局业务处室、设备管理单位应制定详实有效的专项行动方案，建立严格的奖惩制度，落实工作机制。

2 铁路局业务处室应组织施工单位确认正线运行条件。

3 工务、房建设备管理单位和施工单位应提前组织对站线、到发线及限界确认。

4 应实行安全确认、检查、签认和责任追究制度。

5 应确保各种试验车辆性能处于良好状态。

6 应严格执行施工不行车、行车不施工的规定。所有施工作业应派驻站联络员，提报施工计划，办理登销记，落实现场防护等安全措施后方可根据调度命令组织实施。

7 所有机车、轨道车等需要运行时，应提报计划，并按行车命令执行，违章一律将按事故升级处理。

8.7 联调联试正式启动和运行试验

8.7.1 时间

可在联调联试开始前3日，铁路局组织召开联调联试正式启动和运行试验布置会。

图8.7.1—1 联调联试正式启动部署会

图 8.7.1—2 参建单位评比

8.7.2 内容

1 试验主体单位总结联调联试前动检车、轨检车检测情况，安排联调联试期间试验计划。

2 铁路局联调联试指挥部公布首日联调联试运输组织计划。

3 设备管理及行车组织单位汇报联调联试的准备工作。

4 铁路局业务处室安排部署联调联试期间的重点工作。

5 铁路局与设备管理单位签订开通运营安全责任状。

8.7.3 要求

1 应重点盯控 11 个安全关键

1)材料、机具、小车挡道；

2)跨线施工中异物坠落；

3)站台侵限；

4)车辆溜逸；

5)进路错办；

6)列车超速；

7)轨检车、动检车车体部件脱落；

8)轨道几何状态;

9)信号联锁失效;

10)弓网松脱、掉落;

11)人为破坏。

2 应严格落实“七防、五加强、一确认”制度

1)七防:防侵限,防挡道,防坠落,防溜逸,防错办,防超速,防破坏。

2)五加强:加强日计划管理,加强包保片区安全管理,加强沿线防护看守和保卫,加强设备精调细整,加强试验列车、检测列车检修。

3)一确认:每趟列车开行前的安全确认。

3 应统筹安排工作计划,制定和落实安全技术管理措施,加强专业管理

1)联调联试指挥部应坚持每日例会制度,做好每日联调联试计划、检测试验计划优化。

2)临时调度所应做好调度组织工作。

3)现场片区包保组在试验列车运行期间,应比照三级专运任务布置安全保卫工作。

4)铁路公安部门应落实治安责任,确保沿线的安全保卫和综合治理。每个疏散通道落实专人看管,施工、监理单位配合公安全面做好沿线的安保工作。

5)铁路局安监部门应现场督导、检查,组织铁路局各业务部门制定切实可行的应急预案,确保行车设备故障及时修复。

6)铁路局建设管理部门应督导施工单位做好安全管理办法的落实,加强对联调联试期间施工人员的安全培训,加强对本单位人员、机具的管理,杜绝违章上道。督促施工单位制定未完工程的日工作计划表,督促施工单位完成剩余工程。

7)铁路局车辆、运输部门应严格履行取、送车的运输方案,并派专人盯车。

8)设备接管单位应做好人员、设备安全工作。

9)铁路局房生部门应对站台进行动态确认。

10)铁路局参试人员应履行专业职责,及时组织纠缺,做到整改问

题不过夜。

11)铁路局机务部门应做好送、断电的安全工作。

4　应坚持以下试验原则要求

1)严格按部批大纲方案组织实施,严禁随意变更。应根据试验检测结果,分析原因,查清问题,及时解决,出现危及行车安全情况立即停止试验,重大问题向铁道部报告。

2)施工单位应提高设备质量,加强纠缺补强工作。严格按照“行车不施工、施工不行车”的原则组织施工,确保行车、人身和动车组安全。

3)参试人员不得接受媒体采访,对外宣传应由铁道部统一负责。

4)严格控制试验车上车人员,无登乘证不得上车。

5)参试人员应服从联调联试指挥部统一指挥,学习掌握相关要求,各司其职,各负其责。

5　应坚持高标准,按零误差、零缺陷要求积极研究方法,创新思路,走专业管理、专项诊断、专家论证、专家治理之路。

8.8 短路试验

8.8.1　时间

可在联调联试期间开始后7～10日,铁路局召开短路试验专项布置会议。

8.8.2　内容

1　铁路局成立现场指挥组,分管建设的副局长任组长,铁路局运输、机务处负责人任副组长,相关业务处室及设备管理、参建单位负责人任组员。

2　通过短路测试检验牵引供电系统保护装置功能及保护动作顺序,验证接触网故障点标定装置的正确程度,同时进行综合接地和电磁兼容测试。

1)测试接触网人工短路状态下的变电所、AT分区所、AT所接触网短路电压、电流参数,计算各AT吸上电流比,分析短路点接触网阻抗。

2)测量短路时钢轨和贯通地线电流,钢轨和贯通地线对地电位。

3)测量信号电缆外皮回流、芯线感应电动势有效值和钢轨差模电压瞬时波形。

3 明确试验时间、地点。

4 明确试验分工、方法、步骤,确认试验准备工作。

8.8.3 要求

1 施工、设备管理单位应根据分工对试验区段的接地系统全面检查,确保综合接地系统接地电阻、引线与电缆和设备的距离符合要求。

2 施工、设备管理单位应提前对试验区段的电务回流系统全面检查,确保回流畅通;试验主体单位应出具回流系统测试结论。

3 施工单位、设计院、集成商应提前做好试验用作业车载断路器分合闸调试、绝缘试验及 SCADA 系统调试,检查变电所、AT 所、分区所综合自动化装置保护定值和参数设置。

4 试验主体单位应对接入变电所、AT 所、分区所测试设备接线情况和工作状态检查和确认。

5 施工单位应根据试验方案,编制倒闸操作卡片,向铁路局调度所提报接触网试验作业计划和作业车运行计划,并派遣驻所联络员。

6 项目管理机构,试验主体、设备管理、施工、设计单位,集成商,应提前赶到试验现场,共同确认试验条件。试验前后,应递交书面设备状态确认单。

7 进入短路试验现场的人员应服从接触网试验现场指挥的统一安排。

8 施工、设备管理单位应加强设备检查及宣传教育,于试验前向铁路安监部门汇报确认情况。

9 试验期间,各单位要严格按照要求执行,重点布置有关人员,加强配合和密切联系,严格各项作业的安全管理工作,确保人身安全,试验区段禁止一切上道作业。

10 试验期间,铁路公安部门负责试验区段沿线人员清理、安保工作;施工、设备管理单位指派人员在车站行车室值守。

11 工务设备管理单位应确认短路试验前后钢轨与接地靴连接状况,在试验前后对短路区域钢轨探伤。

12　全部短路试验完毕后，施工、设备管理单位应对现场设备全面检查，确认设备正常及人员、机具、材料全部撤至安全距离以外后，方可销令。

13　施工单位、设备管理单位应做好应急抢修准备。

8.9　运行试验

8.9.1　时间

可在运行试验前 1 日，铁路局组织召开运行试验布置会

8.9.2　内容

1　试验主体单位总结联调联试情况，公布各项测试结果。

2　项目管理机构总结工程建设情况。

3　公布联调联试阶段标准化评定及铁路局立功竞赛评比结果。

4　设备管理、行车组织单位总结联调联试配合工作，汇报运行试验准备情况。

5　铁路局业务部门布置运行试验相关工作。

8.9.3　要求

1　应做好设备管理、安全控制、综合管理、站容站貌、队伍建设等五个方面运营开通前的准备工作。

2　应重点做好运营试验期间列车运行图参数测试、故障模拟、应急救援演练及按图行车。

3　应做好站房剩余工程、综合养护工区配套设施建设。

4　应加强地方配套工作。

5　全面做好初步验收、安全评估、开通申报等准备工作。

8.10　开通运营

8.10.1　时间

可在开通运营前 3～5 日，铁路局组织召开开通运营布置会。

8.10.2　内容

1　梳理安全评估问题，确认是否达到开通运营条件。

2　组织审查确认运输组织、行车组织办法、设备维修管理制度、技

术标准和作业标准等是否满足开通运营要求。

3 铁路局运营单位汇报开通运营准备工作。

4 铁路局业务部门对开通运营过渡期间的重点工作进行安排部署。

8.10.3 要求

1 铁路局设备管理单位应按照各自职责做好开通运营工作,统筹安排新线机构设置、人员培训、生产生活设施配备。

2 铁路局业务部门和设备管理单位做好专业指导帮促,项目管理机构组织施工单位、设备供应商做好初步验收、安全评估问题的整改落实。

3 铁路局运输部门应及时跟踪列车运行情况,动态优化运行图,科学合理安排施工天窗点,保证高速铁路运营平稳可靠。

4 铁路局总师、安监室组织编制开通运营各项技术规章制度和应急预案,督促设备管理、行车组织单位做好落实。

9 安全控制

9.1 责任落实

1 铁路局相关业务部门应指定专人全程跟车试验，安排专人现场把关，检查、督导安全质量问题的整改落实，掌控现场安全情况。

2 铁路局联调联试安全包保片区组应按区段、专业划分职责，明确分工，24 h 值守，负责试验期间站区及两端站间、区间中心范围内的试验安全、设备状态、行车组织、应急处理等。

3 项目管理机构：

1)组织施工单位配合联调联试各项测试工作，针对每天的试验计划制定安全措施，对联调联试区段固定设备进行检查，安排施工现场、线路、桥涵、道路、栅栏等围护看守工作。

2)协同铁路局联调联试现场指挥部、试验主体单位，根据检测数据共同确定动车组试验的检测计划。

3)对每日检测出的问题建立问题库，明确责任包保人，督促施工单位按期整改，记名检查确认。

4)负责平衡施工单位施工计划，并向临时调度所申报。

4 施工单位：

1)联调联试前应完成影响联调联试缺陷的整改，对行车设备状态、栅栏封闭、机具材料和作业人员清理等重点部位、关键点进行排查，做好加固补强。

2)针对每天的试验计划，提前对联调联试区段固定设备进行检查，制定安全措施，安排专人进行安全防护。

3)对每天联调联试检测出的问题应做好专项记录，建立问题库，制定整改措施和整改期限。

4)严格按“天窗修”要求申报施工计划，组织本单位设备纠缺工作，加强施工防护，实行记名销号；严禁无计划施工，坚决做到“行车不施工、施工不行车”。

5 监理单位：

1)针对每天的试验计划制定安全措施，对行车设备状态、栅栏封闭、机具材料和作业人员清理等重点部位进行一次全方位检查。

2)对施工单位申报的计划进行审核，对施工作业全过程旁站。

6 铁路局设备管理、行车组织单位：

1)针对每天的试验计划制定安全措施，严格实行 24 h 现场把关，对开行动车组试验列车的关键时段、关键作业、关键岗位进行检查，落实整改，联调联试前完成影响联调联试缺陷整改的检查确认。

2)对联调联试检测出的问题应做好专项记录，建立问题库，督促施工单位整改，严格整改过程的把关，记名检查、确认缺陷的整改，确保工务、电务、供电等行车设备的整治达标。

9.2 控制要点

1 联调联试期间，各参试单位、部门应严格执行铁路局统一部署、统一组织、统一协调的要求，服从铁路局联调联试现场指挥部统一指挥，各司其职，各负其责。

2 每日试验列车检测试验结束后召开点评会，分析总结当日试验和工作情况，通报当日试验发现问题，安排次日试验列车运行计划、检测试验注意事项和相关配合工作，安排天窗点，布置施工安全把关，协调、解决影响试验列车运行安全问题，形成纪要，下发至各参试单位、部门。

3 铁路局应严格按铁道部批复的联调联试及试运营大纲和实施方案组织实施联调联试工作，试验方案不得随意变动。试验列车运行计划编制前，铁路局联调联试指挥部、试验主体单位、项目管理机构根据检测数据共同确定试验列车运行速度。

4 应坚持每日先开行检测列车、再开行动车组试验列车的制度。检测列车应由铁路局建设处统一指挥。

5 铁路局应按试验大纲要求，安排列车运行计划，严禁无计划行车和越级指挥行车。

6 行车单位应按每日试验列车运行方案组织行车，确保试验有序进行和运行安全。

7　应实行 2 h 施工安全信息通报制度，遇有发生事故或故障，立即报告现场指挥部和临时调度所。

8　动车组试验列车运行组织由车上指挥组统一负责，每次试验列车的开行要得到试验指挥长的同意。试验列车开行前 2 h 各单位书面确认本单位作业人员和机具全部撤离并向安全保障组汇报，试验指挥长得到安全保障组汇报后，方可发布试验列车开行命令。

9　铁路局安监室，运输、机务、车辆、工务、电务处，调度所、信息技术所等部门和工务、电务、供电、通信设备管理单位应指定专人全程跟车试验。

10　严格控制上车人员，无证者一律不准上车。

11　施工及设备整治一律纳入营业线施工计划管理。

1)施工单位的施工计划向项目管理机构申报，项目管理机构对提报的申请进行汇总、协调和平衡后交临时调度所，配合作业的需经配合单位审核并签字盖章；设备管理单位的施工计划直接向临时调度所申请；临时调度所平衡后统一公布实施。

2)宜每日上午提报次日零点后的施工申请，明确作业日期、内容、范围、时间、配合单位及配合内容、影响范围及现场负责人、联系电话等，经单位负责人审核并加盖公章后按规定提报。

3)接触网停电的施工作业，应由施工单位提出作业内容、作业地段、作业时间等，并经设备管理单位及施工单位确认，落实配合人员和安全措施。

4)设备临时故障的应急处理，应由车站根据相关单位在《行车设备检查登记簿》(运统一46)上的登记内容，核对无误后向临时调度所列车调度员提出申请，由列车调度员审核后发布准许作业的调度命令，布置有关单位按照命令内容执行。

5)试验列车运行时段外，可以进行不影响既有设备稳定和行车安全的施工，施工单位不需提报施工计划，但应设置驻站联络员和现场防护员，及时通报列车运行情况。

12　各参试单位应围绕各个环节和检查重点制定切实可行的安全

专项方案，细化安全控制措施，周密安排计划，分工负责，落实责任；并提前上报联调联试指挥部批准。

13 施工、设备管理单位应根据试验计划，每日编制次日计划，明确安全关键、作业条件、现场安全控制措施和把关人员等，监理单位、项目管理机构、铁路局业务部门分级审核、确认、批准，报联调联试现场指挥部。

14 试验列车开行前 2 h 应停止一切施工，所有施工机械、人员、机具撤离至安全距离以外，施工机具应安放牢固，派专人看守，严格执行人员机具上、下道书面签认制度。站内停留的机车、轨道车、作业车应停放在指定地点，做好防溜措施，车站值班员应每小时确认止轮状态，并书面签认；严禁接触网作业车、轨道车、梯车等施工车辆、机具侵限。

15 进入施工现场的人员、设备、材料应严格按规定登销记，严禁看守、施工作业、测量人员在试验列车运行期间进入防护栅栏内。

16 项目管理机构应组织施工、监理单位、集成商做好设备加固、补强和重点部位的安全质量监督检查。设备管理单位应加强设备检查、保养，掌控设备状态，调集资源，对标整治。

17 施工和设备整治应严格执行铁道部营业线施工安全管理办法和铁路局相关规定，严格执行登销记制度。施工、设备管理单位应根据每日计划安排，充分调集优势资源，加强施工安全防护。铁路局业务部门、安全包保片区组和项目管理机构、设备管理、行车组织单位分管领导以及施工单位主要负责人应现场检查、把关、督导。

18 应加强对牵引供电设备的检查、维护，严格执行停、送电操作程序，严格执行送电前书面签认制度，确保电力设备安全和作业人员人身安全。

19 铁路局应结合开行试验车的要求，提前组织各级把关人员、安全员、防护员、驻站联络员、带班人员、工班长的专题安全教育培训。

20 各参建单位应严格执行分管领导包保，专业技术干部负责制，安排胜任人员进行现场把关，及时发现、解决现场问题，全面掌控现场安全，严禁无人员把关的作业。每日动车组开行前 2 小时，分管领导组织对设备状态、栅栏封闭、机具材料和作业人员清理全面检查，确认试验列车运行进路道岔钉闭加锁，做好专项记录。

21　铁路局安监部门对联调联试作业安全进行确认；每日检测出的问题应建立问题库，铁路局工务、电务、机务等业务部门按专业分工的原则组成攻关组，加强专业管理，走专家治理之路，明确责任人、整改措施和整改期限，做到记名销号整治；车辆部门应按规定的检修周期对试验列车进行检修保养，尤其要加强动车组试验列车的保养，确保动车组试验列车和检测列车处于良好状态。

22　施工单位、集成商应针对每日检测的设备超限处所，制定严密的整治计划，夜间整治应备足照明设施；铁路局各专业工作组督促指导设备超限处所整改，整改完成后，应由铁路局各业务工作组进行检查确认。对暂时不能解决的问题，应制定和落实可靠的安全保障措施，确保动车组试验列车和检测列车开行绝对安全。

23　试验列车开行期间，应按三级专运任务进行安全保卫。铁路公安部门应全面负责线路和试验列车的安全保卫工作，重点加强对作业通道、站区的巡查看守，对路基段、车站每公里至少安排一名公安、一名保安进行看守，每处应急通道由一名公安进行看守；检测列车、动车组试验列车入库检修及区间检修由铁路公安部门 24 h 看守保卫。施工单位路基地段每公里至少安排一名正式职工进行安全保卫工作，并统一佩戴安全保卫员袖章。

24　设备管理、行车组织单位应制定严格的联调联试期间干部包保制度，做到分管领导包保，专业技术干部负责，联调联试期间应严格实行 24 h 现场把关负责制，对开行动车组试验列车的关键时段、关键作业、关键岗位进行检查指导。

25　设备管理、施工单位应按网格化管理要求，成立应急抢修专业队伍，细化应急抢修预案，备足抢险设备器材、机具、材料，试验期间内实行热备制度，随时待命，确保应急抢修及时到位。

10 联调联试

10.1 临时调度所

联调联试期间，铁路局应抽调专人在联调联试现场指挥部成立临时调度所，设置列车调度员、供电调度员等岗位，24 h 值班。

图 10.1 联调联试指挥部临时调度所

10.1.1 职责

1 负责联调联试期间的行车组织，统一指挥全线列车运行，协调解决交叉、平行作业。

2 负责联调联试期间的施工计划审批、发布。

10.1.2 人员

1 列车调度员主要岗位职责：

1)根据联调联试及运行试验计划，及时编制、下达列车运行阶段计划。

2)与铁路局调度所列车调度员联系，保证试验项目顺利进行。

3)拟发调度命令，及时发布指示。

4)监视列车的运行情况,调整列车运行计划和到发线使用。

5)组织、协调试验列车取送和运行。

6)试验前设备达到条件的确认工作。

7)与临时调度所供电调度员办理相关确认手续。

8)完成现场指挥组交办的其他任务。

2 供电调度员主要岗位职责:

1)审核施工、设备管理单位的施工计划。

2)负责停送电作业前的条件确认,与铁路局调度所供电调度员的联系,准确办理停送电作业。

3)组织、协调施工作业的停电配合。

4)负责与临时调度所列车调度员办理相关确认手续。

5)完成现场指挥组交办的其他任务。

10.1.3 设备

临时调度所应接入行车和供电调度所需要的视频、网络、电话等终端,配置调度系统设备,确保设备的正常使用。

10.2 试验过程

10.2.1 实施步骤

根据试验内容和试验角度区分,一般可分为逐级提速联调联试、信号系统联调联试、全线拉通试验和运行试验等步骤。

1 逐级提速联调联试

1)地面测点准备完成后,采用检测列车(内燃机车牵引、检测车、电务检查车和隔离车)对线路进行检测,确认动车组上线条件,并根据检测结果,对轨道、接触网和地面信号设备精调或整改。

2)线路具备动车组上线条件后,采用装备轨道几何状态、动车组动力学性能、弓网受流性能及 GSM-R 网络性能等检测设备的动车组逐级进行提速试验,根据检测结果对轨道、接触网和 GSM-R 网络等进行精调、整改,消除缺陷。

3)对轨道、道岔、路基、桥梁、隧道、综合接地和电磁兼容等专业的地面测点同步进行测试验证。

2 信号系统联调联试

主要测试步骤：轨道车低速试验、C3 系统 ITC 测试、侧线数据采集、C3 系统场景试验、C3 系统功能测试、跨线 C3 兼容性测试、C3 后备模式功能测试、跨线 C2 兼容性测试等，同时进行联锁系统和 CTC 系统联调联试。

3 全线拉通试验

C3 列控系统联调联试完成以后，按照 C3 控车模式，采用不同车型动车组进行达到或超过设计速度的全线拉通试验，同时对各系统进行复测。

4 运行试验

不同车型的动车组全线拉通试验完成后，可按运行图参数测试、追踪测试、故障模拟、应急演练和按图运行等阶段进行运行试验。

10.2.2 实施过程

可分为现场准备、逐级提速联调联试、信号系统集成商测试、信号系统联调联试、全线复测以及运行试验等阶段。

1 现场准备阶段

铁路局、项目管理机构应组织配合试验主体单位完成各专业地面测点的设备安装、调试及接触网静态弹性、高速道岔转换和夹异物试验等。

2 逐级提速联调联试

逐级提速联调联试项目包括轨道状态、接触网系统、供变电系统、通信系统、信号设备状态、综合接地、电磁环境、振动噪声、路基及过渡段动力性能、轨道结构、道岔、桥梁、隧道等。

试验速度级可为 200、220、240、260、280、300、310、320、330、340、350 km/h 等，单列动车组逐级提速联调联试每个速度级宜运行 1～4 个往返，重联动车组逐级提速联调联试每个速度级宜运行 1～2 个往返；350 km/h 以上速度试验，由现场指挥小组根据测试数据确定。

3　信号系统集成商测试阶段

1)开展 C3 系统 ITC 测试、侧线数据采集、C3 系统场景试验等项目的信号系统集成商测试;

2)复测接触网静态几何参数。

4　信号系统联调联试阶段

1)主要内容包括:C3 基本进路与数据验证测试、C3 系统故障功能测试、C3 后备功能测试与数据验证、C3 系统互联互通、枢纽互联互通、联络线及全线 C3 设备调试等。

2)C2-200C 列控系统跨线车兼容性测试。

3)动车组动态偏移量验证试验。

5　全线复测阶段

1)采用动车组对全线进行拉通试验。

2)对全线以及车站信号系统进行复测和补测。

6　运行试验

1)运行试验测试内容包括运行图参数测试、追踪测试、故障模拟、应急演练等。

2)采用动车组进行追踪列车间隔时分及中间站到通、通发间隔时分等参数的测试。

3)采用动车组进行列车全程运行时分、各区间运行时分、起停车附加时分等参数的测试。

4)采用动车组进行故障模拟及应急救援演练测试。

5)采用高速综合检测列车对全线轨道、接触网和信号设备状态进行检测。

6)完成通信系统电磁环境清屏复测工作。

7)针对联调联试期间信号系统发现的问题进行复测。

8)防灾安全监控系统继续测试。

9)完成客运服务系统联调联试。

10.3 试验内容

10.3.1 轨道系统

图 10.3.1—1 动检车测力轮对

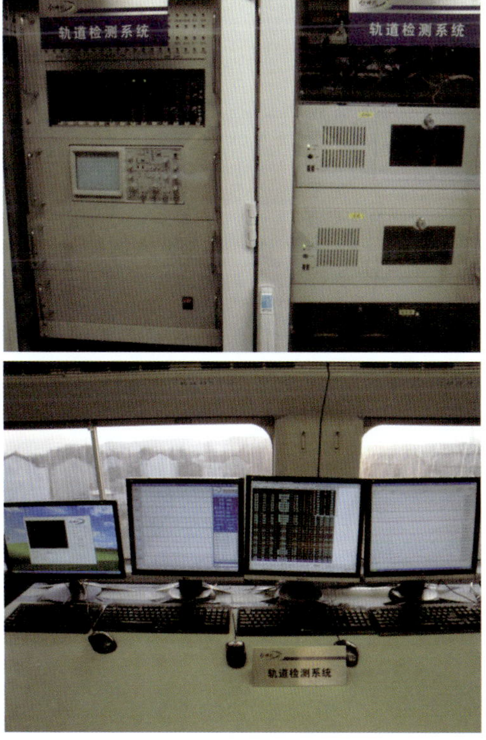

图 10.3.1—2 轨道检测系统

10.3.1.1 轨道几何状态

1 试验目的

对轨道几何状态进行检测,寻找超限处所,为维修管理单位提供动态数据,指导轨道状态精调。

2 试验内容

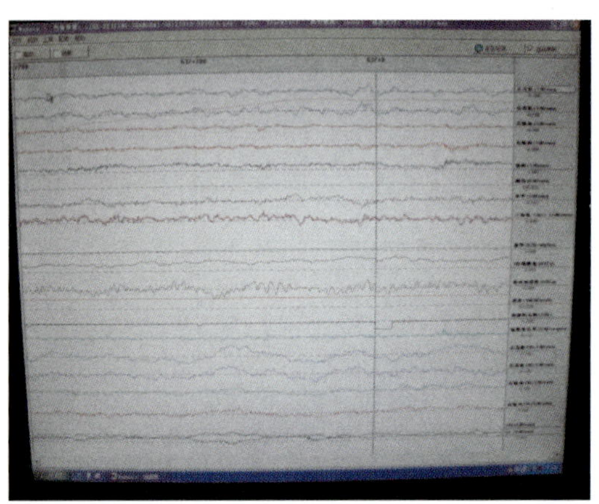

图 10.3.1—3 轨道状态检测波形图

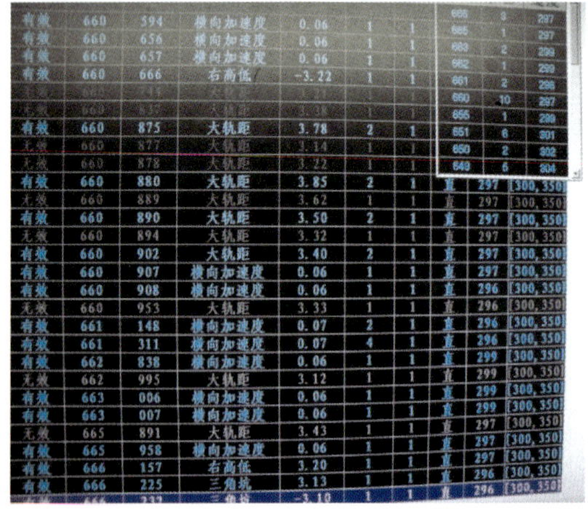

有效	660	594	横向加速度	0.06	1	1			
有效	660	656	横向加速度	0.06	1	1			
有效	660	657	横向加速度	0.06	1	1			
有效	660	666	右高低	-3.22	1	1			
[illegible]	[illegible]	[illegible]	[illegible]	[illegible]	[illegible]	[illegible]			
[illegible]	[illegible]	[illegible]	[illegible]	[illegible]	1	1			
有效	660	875	大轨距	3.78	2	1			
无效	660	877	大轨距	3.14	1	1			
无效	660	878	大轨距	3.22	1	1			
有效	660	880	大轨距	3.85	2	1	直	297	[300,350]
无效	660	889	大轨距	3.62	1	1	直	297	[300,350]
有效	660	890	大轨距	3.50	2	1	直	297	[300,350]
无效	660	894	大轨距	3.32	1	1	直	297	[300,350]
有效	660	902	大轨距	3.40	2	1	直	297	[300,350]
有效	660	907	横向加速度	0.06	1	1	直	297	[300,350]
有效	660	908	横向加速度	0.06	1	1	直	296	[300,350]
无效	660	953	大轨距	3.33	1	1	直	296	[300,350]
有效	661	148	横向加速度	0.07	2	1	直	296	[300,350]
有效	661	311	横向加速度	0.07	4	1	直	296	[300,350]
有效	662	838	横向加速度	0.06	1	1	直	299	[300,350]
无效	662	995	大轨距	3.12	1	1	直	299	[300,350]
有效	663	006	横向加速度	0.06	1	1	直	299	[300,350]
有效	663	007	横向加速度	0.06	1	1	直	299	[300,350]
无效	665	891	大轨距	3.43	1	1	直	297	[300,350]
有效	665	958	横向加速度	0.06	1	1	直	297	[300,350]
有效	666	157	右高低	3.20	1	1	直	297	[300,350]
有效	666	225	三角坑	3.13	1	1	直	296	[300,350]
[illegible]	666	232	三角坑	-3.10	1	1	直	296	[300,350]

图 10.3.1—4 轨道状态动态检测值

合评价提供依据。

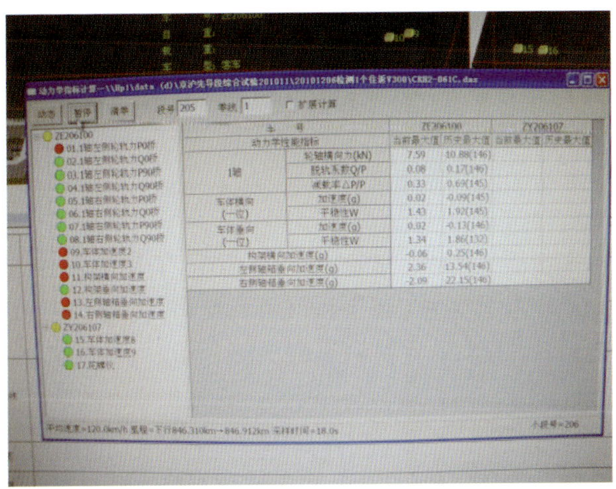

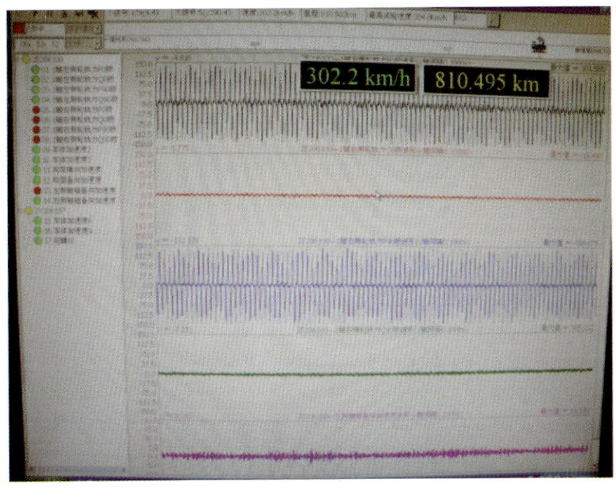

图 10.3.1—5　动车组动力学测试

2　试验内容

1)轨道结构静态平顺性测试。

2)轨道结构动力性能测试:轨道结构安全性测试轮轨垂直力和横

向水平力；轨道结构部件受力测试；轨道结构的稳定性指标测试；轨道刚度指标测试；轨道结构部件与基础振动加速度测试。

3 评判标准

《动态检测指导意见》和《高速动车组整车试验规范》(铁运〔2008〕28号)及相关设计规范。

10.3.1.4 道岔动力性能测试

1 试验目的

验证动车组直、侧向通过道岔的安全性、平稳性和旅客舒适性；验证翼轨、心轨、扣件系统、转换和锁闭装置、轨枕埋入式无砟轨道等关键部件的适应性；验证道岔轨道刚度的合理性、岔区轨道刚度的均匀性。

2 试验内容

列车运行安全性指标、道岔平顺性指标测试、轨道结构横向稳定性指标测试、岔区轨道刚度及均匀性指标测试、轮轨垂直力的过渡范围和量值、转换设备动态性能测试和转换设备静态性能测试等指标、静态观测内容。

3 评判标准

《客运专线道岔暂行技术条件》、《铁路信号维护规则技术标准 I》、《TB 2613—2005 转辙机试验方法》、设计文件等。

10.3.2 接触网系统

10.3.2.1 接触网动态参数检测

1 试验目的

重点对接触网几何参数、接触线平顺性进行检测，为接触网精调提供依据。

2 试验内容

弓网动态接触力、拉出值、接触线高度。

3 评判标准

《客运专线铁路工程竣工验收动态检测指导意见》(铁建设〔2008〕7号)、《接触网运行检修规程》(铁运〔2007〕69 号)、《联调联试及运行试验大纲》和客运专线铁路相关设计文件。

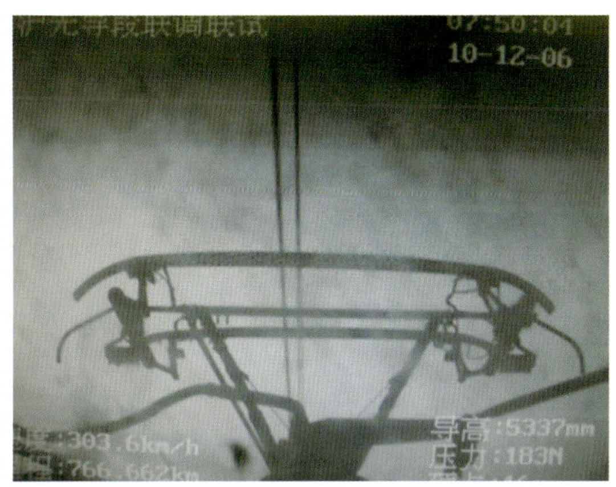

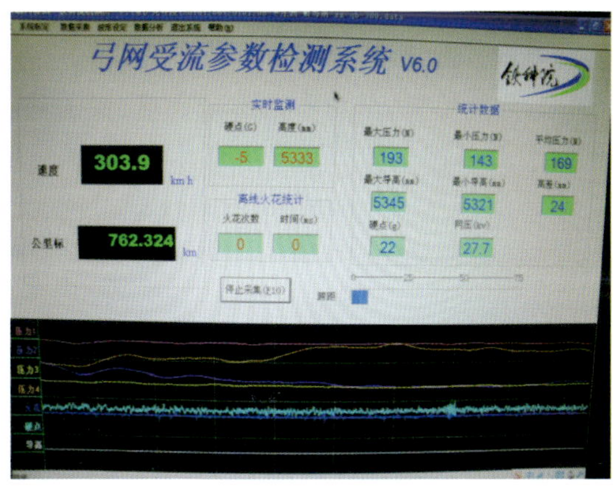

图 10.3.2 弓网检测试验

10.3.2.2 接触网静态几何参数检测

1 试验目的

验证施工误差,为施工单位提供接触网精调的依据,使其满足设计要求。

2 试验内容

接触线拉出值、接触线高度、接触线高差等。

3 评判标准

接触线拉出值限界值超限标准、接触线拉出值一般超限标准、接触线高度的精调标准、两相邻吊弦的高差精调标准、两相邻定位点的高差精调标准参见有关规范和设计要求。

10.3.2.3　动车组弓网受流性能测试

1　试验目的

根据测试结果对接触网、受电弓进行调整，使弓网匹配满足动车组运行适应性要求。

2　试验内容

弓网动态接触力测试；燃弧测定；硬点（受电弓所受的垂直加速度）；接触线动态高度；受电弓运行状态图像监视。

3　评判标准

铁道部《客运专线铁路工程竣工验收动态检测指导意见》（铁建设〔2008〕7号）有关要求。各项检测数据应小于标准值，弓网动态接触力一般按一个跨距为分析单位，分析参数有最大值、最小值、平均值和标准偏差；燃弧测定有燃弧次数和一次最大燃弧时间；硬点（受电弓所受的垂直加速度）有垂向加速度；一跨内接触线高差。

10.3.2.4　接触网性能测试

1　试验目的

测试接触网悬挂的静态性能和接触网断面（跨中、定位点、线岔）动态抬升量，评价接触网性能是否满足设计要求。

2　试验内容

测试接触网静态弹性，计算接触网静态弹性差异系数；测试接触网定位点处的接触线动态抬升量。

3　评判标准

1）抬升量：接触线抬升量不大于120 mm。

2）接触网静态弹性：弹性链形悬挂的弹性差异系数$\mu<10\%$。

10.3.2.5　自动过分相测试

1　试验目的

验证本线和跨线动车组是否能够安全通过分相区。

2　试验内容

正常工作自动过分相，包括动车组主断路器分合里程标和状态、网压波形、过分相速度、速度损失；动车组手动过分相，包括动车组主断路器分合里程标、网压波形、过分相速度、速度损失。

3 评判标准

《高速动车组试验和评价规范》(铁运〔2008〕28 号)；动车组自动过分相应满足设计规范要求；动车组手动过分相功能正常。

10.3.3 供变电系统

10.3.3.1 系统测试

1 试验目的

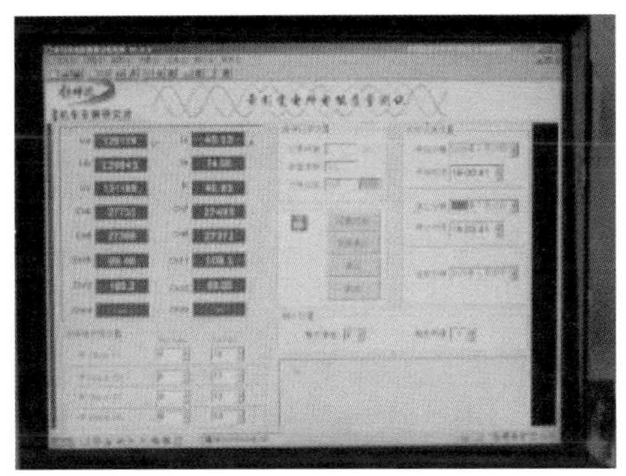

图 10.3.3—1 供变电系统试验检测

考核动车组运行工况下的供变电系统性能，评价供变电系统的安全性、稳定性和可靠性。指导供变电系统调整和优化，使其符合设计目标、满足运行要求。

2 试验内容

供变电设备运行参数测试及越区供电方式、接触网末端改变并联或分开供电方式试验和供电能力分析。

3 评判标准

《IEC 60850 铁路应用牵引供电系统的供电电压》、《GB 1402—1998eqv IEC 850:1988 铁路干线电力牵引交流电压》、《GB 12325—2008 电能质量供电电压允许偏差》、《GB 15543—2008 电能质量三相电压允许不平衡度》等标准。

10.3.3.2 短路试验

1 试验目的

通过接触网人工短路测试结果分析接触网故障点标定装置的正确程度。

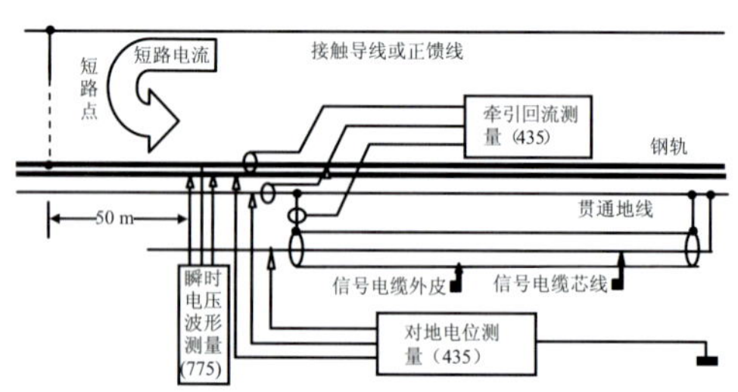

图 10.3.3—2 综合接地和电磁兼容短路试验方案示意图

2 试验内容

选择一区间供电臂进行接触网人工短路试验。

测试接触网人工短路状态下的变电所、分区所、AT 所接触网短路电压、电流参数，计算各 AT 所上电流比。

3 评判标准

短路试验标准依据设计文件评判。

10.3.3.3 SCADA 系统功能测试

1 试验目的

图 10.3.3—3 现场永久性短路连接

图 10.3.3—4 现场短路试验钢轨连接

验证 SCADA 系统的控制功能、遥信处理功能、遥测监视功能，并根据测试结果对 SCADA 系统进行调整，使系统达到设计要求。

2 试验内容

选择铁路局调度所和典型牵引变电所、AT 所、开闭所、接触网开关控制站、车站变电所、车站配电所、箱式变电所各一处，测试 SCADA 系统遥控、遥测、遥信等功能。

3 评判标准

SCADA 系统功能验证试验标准依据设计文件评判。

10.3.4 通信系统

10.3.4.1 GSM-R 电磁环境测试

1 试验目的

掌握铁路沿线 GSM-R 工作频段的电磁环境，特别是公网 GSM 系统对 GSM-R 工作频段的干扰情况，为频率规划和电磁干扰的查处提供依据。

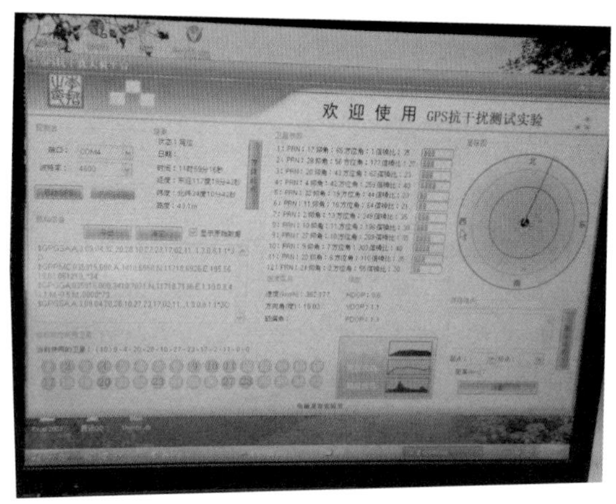

图 10.3.4—1　GPS 抗干扰试验

2　试验内容

在 GSM-R 系统的 4MHz 频段内,铁路各基站受到干扰的分布和强度。

3　评判标准

《关于铁道部和中国移动共用 900 MHz 移动通信网频率资源问题的函》(信部函〔2007〕186 号);《铁路 GSM-R 数字移动通信工程施工质量验收暂行标准》(铁建设〔2007〕163 号);《客运专线铁路工程竣工验收动态检测指导意见》(铁建设〔2008〕7 号)。

10.3.4.2　GSM-R 场强覆盖测试

1　试验目的

对 GSM-R 场强覆盖进行测试,统计 95%时间、地点概率条件下的接收电平。查找弱场地区、覆盖不均衡和越区覆盖等区段,提出调整天馈系统和基站参数的方案,优化全线无线覆盖,以达到设计和验收标准。

2　试验内容

分打开全部基站、仅打开奇数基站、仅打开偶数基站场强三种情况。

3　评判标准

《GSM-R 无线网络覆盖和服务质量(QoS)测试方法》(科技运

〔2008〕170 号);《铁路 GSM-R 数字移动通信工程施工质量验收暂行标准》(铁建设〔2007〕163 号);《客运专线铁路工程竣工验收动态检测指导意见》(铁建设〔2008〕7 号)。

10.3.4.3 GSM-R 网络服务质量测试

1 试验目的

验证 QoS 指标是否满足标准要求。通过测试数据对 GSM-R 网络设备和参数进行调整和优化,使其达到验收标准,确保列控信息车地间的可靠传输。

2 试验内容

1)话音通信服务质量。

2)电路数据服务质量。

3)分组数据服务质量。

3 评判标准

GSM-R 无线网络覆盖和服务质量(QoS)测试方法(科技运〔2008〕170 号);铁路 GSM-R 数字移动通信工程施工质量验收暂行标准(铁建设〔2007〕163 号);客运专线铁路工程竣工验收动态检测指导意见(铁建设〔2008〕7 号)。

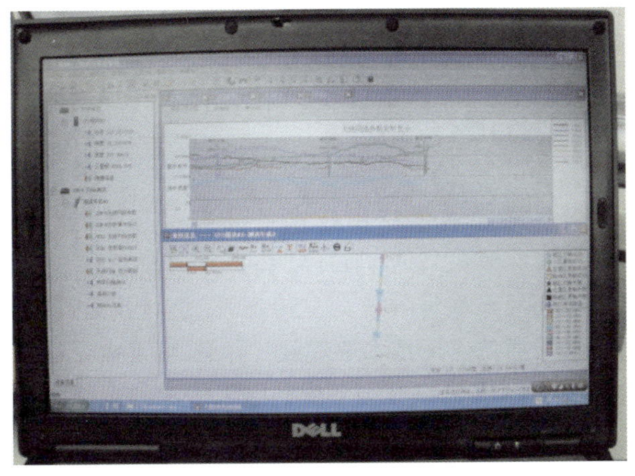

图 10.3.4—2 无线网络参数测试

10.3.4.4　应用业务测试

1　试验目的

对高速铁路通信系统应用业务的接口及功能进行测试，使其满足设计和相关标准的要求，确保高速铁路调度行车指挥的顺利进行。

2　试验内容

1）调度通信系统

个别呼叫、功能寻址、位置寻址（1210 列调位置区确认测试、1310 车站位置区确认测试）、组呼（210 组呼、571 组呼）、299 紧急呼叫、多优先级处理等功能测试；相邻调度台呼叫通话测试等。

2）调度命令信息无线传送系统

通信系统与 CTC 系统接口测试、调度命令信息无线传送系统功能测试和调度命令信息发送成功率测试。

3）列车无线车次号校核信息传送系统

通信系统与 CTC 系统接口测试、列车无线车次号校核信息传送系统功能测试和车次号校核信息发送成功率测试。

4）CTCS-3 级列车控制信息无线传送系统

通过功能试验，验证高速铁路通信系统为 CTCS-3 级列控系统提供电路域数据传输服务的各项功能。结合功能试验，验证 GSM-R 系统与 CTCS-3 级列控系统间各种接口的信令和通信流程，包括 Abis 接口、A 接口、PRI 接口等。

3　评判标准

GSM-R 数字移动通信应用技术条件第一分册：调度通信系统（V1.0）（科技运〔2007〕116 号）；GSM-R 数字移动通信应用技术条件第二分册：列车无线车次号校核信息传送系统（科技运〔2007〕98 号）；GSM-R 数字移动通信应用技术条件第三分册：调度命令信息无线传送系统（科技运〔2007〕99 号）；客运专线铁路工程竣工验收动态检测指导意见（铁建设〔2008〕7 号）；CTCS-3 级列控系统 GSM-R 网络需求规范（科技运〔2008〕168 号）；CTCS-3 级列控系统 GSM-R 网络接口规范（V1.0）（科技运〔2009〕19 号）；CTCS-3 级列控系统总体技术方案

(V1.0)(科技运〔2008〕34 号)。

10.3.4.5 通信系统可靠性测试

1 试验目的

验证通信系统的可靠性、安全性,及是否满足高速铁路业务需求,最终达到通信系统联调联试、动态验收的标准。

2 试验内容

1)传输通道中断时通道的迂回保护测试。

2)GSM-R 数字移动通信系统基站间传输链路中断时,传输通道的保护功能测试。

3)测试传输通道迂回保护对 GSM-R、调度通信、数据网等系统的影响。

3 评判标准

GB 16814—2008 同步数字体系(SDH)光缆线路系统测试方法;GB/T 15941—2008 同步数字体系(SDH)光缆线路系统进网要求。

10.3.4.6 数据网测试

1 试验目的

通过测试数据判断构成数据网的所有设备和所有骨干链路工作是否正常,参数设置是否正确,性能指标是否达到设计要求,能否满足数据系统的应用要求。

2 试验内容

对高速铁路数据网从接入层、汇聚层每一条骨干链路进行单独的数据链路的性能测试。根据 RFC 2544,分别测试不同帧长度下的吞吐量、时延、丢包率等三项性能指标。测试汇聚路由器接入的高速铁路沿线车站两个独立环路的数据链路性能,并同时测试通信段汇聚路由器与调度所的接入路由器链路性能,以及从汇聚路由器到调度所骨干路由器的链路性能。进行 VPN 建立和隔离功能验证的测试。

3 评判标准

GB/T 21671—2008 基于以太网技术的局域网系统验收评测规范。

10.3.5 信号系统

10.3.5.1 信号设备状态检测

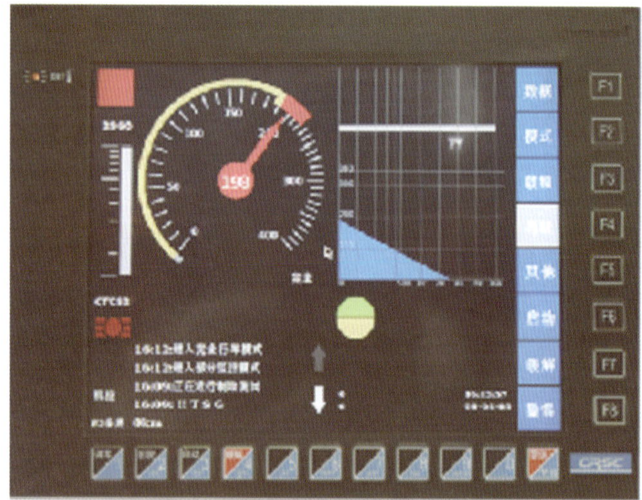

人机界面 DMI

图 10.3.5—1 车载列控系统

图 10.3.5—2 地面有源应答器

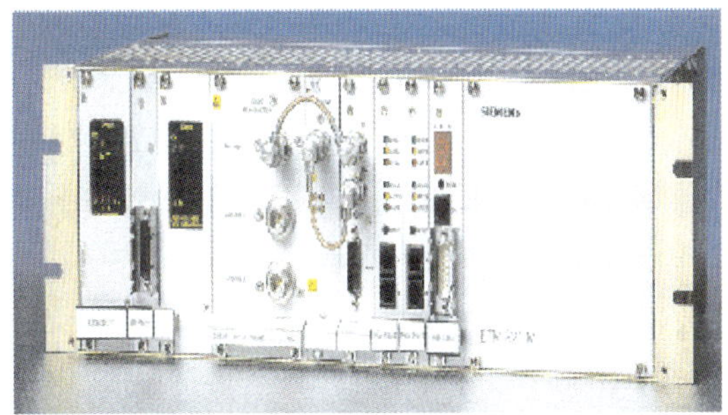

图 10.3.5—3 应答器传输模块 BTM

图 10.3.5—4 信号检测系统

1 试验目的

通过对应答器、轨道电路、补偿电容的工作状态进行检测，依据检测结果进行调整。

2 试验内容

1)轨道电路检测

轨道电路载频、低频信息分配、码序、轨道电路传输电压及轨道电路干扰。

2)补偿电容检测

补偿电容安装位置、步长、工作状态。

3)应答器检测

应答器位置、报文及链接关系。

3 评判标准

运基信号〔2005〕443 号《电务试验车动态检测系统技术条件》;铁建设〔2008〕7 号《客运专线铁路工程竣工验收动态检测指导意见》;铁运〔2008〕142 号《铁路信号维护规则》;《主体机车信号系统技术条件(暂行)》(科技运函〔2004〕114 号);科技运〔2008〕143 号《CTCS-2 级列控系统应答器应用原则》;运技综合〔2009〕96 号关于印发《新建客运专线使用综合检测列车试验运行技术条件》的通知;《CTCS-3 级列控系统系统需求规范(SRS)》(科技运〔2008〕127 号);《CTCS-3 级列控系统系统应答器应用原则》(科技运〔2008〕144 号);《CTCS-3 级列控系统系统临时限速技术规范》(科技运〔2008〕151 号);《CTCS-2 级列控系统系统应答器应用原则》(科技运〔2008〕143 号);《CTCS-3 级列控系统总体技术方案》;《CTCS-3 级列控系统系统功能需求规范(FRS)》(科技运〔2008〕113 号);《CTCS-3 级列控系统系统 GSM-R 网络需求规范》(科技运〔2008〕168 号);《CTCS-3 级列控系统测试案例(V3.0)》。

10.3.5.2 CTCS-3 级列控系统功能测试

1 试验目的

1)验证 CTCS-3 级列控系统在最高速度运行条件下的功能，地面信号系统能否正确地生成并通过 GSM-R 网络传输列控信息/命令，能否正确实现 RBC 与 RBC 之间的切换，能否正确实现 CTCS-3 级与

CTCS-2级之间的转换，能否正确地控制列车运行。

2)验证无线闭塞中心与CTC系统、车站联锁系统、GSM-R无线网络、临时限速服务器之间的接口关系，临时限速服务器与CTC系统、列控中心之间的接口关系。

2　试验内容

注册与启动、注销、行车许可、临时限速、自动过分相、RBC切换、等级转换、调车、降级运行、人工解锁进路等运营场景，覆盖《CTCS-3级列控系统测试案例》中的各项测试案例。

3　评判标准

《CTCS技术规范总则(暂行)》、《CTCS-2级技术条件(暂行)》(科技运函〔2004〕14号)；《CTCS-2级列控系统列控中心及列控车载设备系统测试验收暂行标准》(报批稿)；《客运专线CTCS-2级列控系统配置及运用技术原则(暂行)》(铁集成〔2007〕124号)；《客运专线CTCS-2级列控系统列控中心技术规范(暂行)》(铁集成〔2007〕158号)；《铁路客运专线竣工验收暂行办法》(铁建设〔2007〕183号)；《客运专线铁路工程竣工验收动态检测指导意见》(铁建设〔2008〕7号)；《CTCS-3级列控系统系统需求规范(SRS)》(科技运〔2008〕127号)；《CTCS-3级列控系统系统应答器应用原则》(科技运〔2008〕144号)；《CTCS-3级列控系统系统临时限速技术规范》(科技运〔2008〕151号)；《CTCS-2级列控系统系统应答器应用原则》(科技运〔2008〕143号)；《CTCS-3级列控系统总体技术方案》(科技运〔2009〕34号)；《CTCS-3级列控系统系统功能需求规范(FRS)》(科技运〔2008〕113号)；《CTCS-3级列控系统系统GSM-R网络需求规范》(科技运〔2008〕168号)；《计算机联锁技术条件》(TB/T 3024—2002)；《分散自律调度集中系统技术条件(暂行)》(修订稿)；《客运专线信号安全数据网组网方案》。

10.3.5.3　跨线CTCS-3级列控系统兼容性测试

1　试验目的

1)验证CTCS3-300T列控地面系统能否满足CTCS3-300S列控车载设备控车需求；

2)验证跨线CTCS-3级列控系统的功能和适应性。

2 试验内容

注册与启动、注销、行车许可、临时限速、自动过分相、RBC 切换、等级转换、调车、降级运行、人工解锁进路等运营场景，覆盖《CTCS-3 级列控系统测试案例》中的测试案例。

3 评判标准

《CTCS 技术规范总则(暂行)》、《CTCS-2 级技术条件(暂行)》(科技运函〔2004〕14 号)；《CTCS-2 级列控系统列控中心及列控车载设备系统测试验收暂行标准》(报批稿)；《客运专线 CTCS-2 级列控系统配置及运用技术原则(暂行)》(铁集成〔2007〕124 号)；《客运专线 CTCS-2 级列控系统列控中心技术规范(暂行)》(铁集成〔2007〕158 号)；《铁路客运专线竣工验收暂行办法》(铁建设〔2007〕183 号)；《客运专线铁路工程竣工验收动态检测指导意见》(铁建设〔2008〕7 号)；《CTCS-3 级列控系统系统需求规范(SRS)》(科技运〔2008〕127 号)；《CTCS-3 级列控系统系统应答器应用原则》(科技运〔2008〕144 号)；《CTCS-3 级列控系统系统临时限速技术规范》(科技运〔2008〕151 号)；《CTCS-2 级列控系统系统应答器应用原则》(科技运〔2008〕143 号)；《CTCS-3 级列控系统总体技术方案》(科技运〔2009〕34 号)；《CTCS-3 级列控系统系统功能需求规范(FRS)》(科技运〔2008〕113 号)；《CTCS-3 级列控系统系统 GSM-R 网络需求规范》(科技运〔2008〕168 号)；《计算机联锁技术条件》(TB/T 3024—2002)；《分散自律调度集中系统技术条件(暂行)》(修订稿)；《客运专线信号安全数据网组网方案》。

10.3.5.4 CTCS-3 级列控系统后备模式功能测试

1 试验目的

1)测试 CTCS3-300T 列控系统后备模式 CTCS-2 级列控系统功能，验证 CTCS-3 级列控系统地面设备提供 CTCS-2 级列控信息的正确性，CTCS-3 级列控车载设备集成的 CTCS-2 级列控系统功能的正确性；

2)验证 CTCS-3 级列控系统地面设备之间的接口关系。

2 试验内容

应答器信息接收、轨道电路信息接收、正线接发车与通过、侧线接

2 试验内容

注册与启动、注销、行车许可、临时限速、自动过分相、RBC 切换、等级转换、调车、降级运行、人工解锁进路等运营场景，覆盖《CTCS-3 级列控系统测试案例》中的测试案例。

3 评判标准

《CTCS 技术规范总则(暂行)》、《CTCS-2 级技术条件(暂行)》(科技运函〔2004〕14 号)；《CTCS-2 级列控系统列控中心及列控车载设备系统测试验收暂行标准》(报批稿)；《客运专线 CTCS-2 级列控系统配置及运用技术原则(暂行)》(铁集成〔2007〕124 号)；《客运专线 CTCS-2 级列控系统列控中心技术规范(暂行)》(铁集成〔2007〕158 号)；《铁路客运专线竣工验收暂行办法》(铁建设〔2007〕183 号)；《客运专线铁路工程竣工验收动态检测指导意见》(铁建设〔2008〕7 号)；《CTCS-3 级列控系统系统需求规范(SRS)》(科技运〔2008〕127 号)；《CTCS-3 级列控系统系统应答器应用原则》(科技运〔2008〕144 号)；《CTCS-3 级列控系统系统临时限速技术规范》(科技运〔2008〕151 号)；《CTCS-2 级列控系统系统应答器应用原则》(科技运〔2008〕143 号)；《CTCS-3 级列控系统总体技术方案》(科技运〔2009〕34 号)；《CTCS-3 级列控系统系统功能需求规范(FRS)》(科技运〔2008〕113 号)；《CTCS-3 级列控系统系统 GSM-R 网络需求规范》(科技运〔2008〕168 号)；《计算机联锁技术条件》(TB/T 3024—2002)；《分散自律调度集中系统技术条件(暂行)》(修订稿)；《客运专线信号安全数据网组网方案》。

10.3.5.4 CTCS-3 级列控系统后备模式功能测试

1 试验目的

1)测试 CTCS3-300T 列控系统后备模式 CTCS-2 级列控系统功能，验证 CTCS-3 级列控系统地面设备提供 CTCS-2 级列控信息的正确性，CTCS-3 级列控车载设备集成的 CTCS-2 级列控系统功能的正确性；

2)验证 CTCS-3 级列控系统地面设备之间的接口关系。

2 试验内容

应答器信息接收、轨道电路信息接收、正线接发车与通过、侧线接发车与通过、控车模式及模式变换引导接发车、临时限速、反向运行、轨道电路码序、上下行载频切换与锁定等。

3　评判标准

《CTCS技术规范总则(暂行)》、《CTCS-2级技术条件(暂行)》(科技运函〔2004〕14号);《铁路客运专线技术管理办法(试行)(300～350 km/h部分)》(铁科技〔2009〕212号);《客运专线CTCS-2级列控系统配置及运用技术原则(暂行)》(铁集成〔2007〕124号);《客运专线CTCS-2级列控系统列控中心技术规范(暂行)》(铁集成〔2007〕158号);《铁路客运专线竣工验收暂行办法》(铁建设〔2007〕183号);《客运专线铁路工程竣工验收动态检测指导意见》(铁建设〔2008〕7号);《CTCS-3级列控系统系统需求规范(SRS)》(科技运〔2008〕127号);《CTCS-3级列控系统系统临时限速技术规范》(科技运〔2008〕151号);《CTCS-2级列控系统系统应答器应用原则》(科技运〔2008〕143号);《CTCS-3级列控系统总体技术方案》(科技运〔2009〕34号);《主体化机车信号系统技术条件(暂行)》(科技运函〔2004〕114号)。

10.3.5.5　车站联锁系统功能测试

1　试验目的

1)测试联锁系统与RBC系统的接口关系和相关功能。

2)测试联锁系统与列控中心、CTC系统的接口关系和相关功能。

2　试验内容

结合列控系统动态试验,对联锁系统部分特殊设计、联锁系统与RBC、列控中心之间的接口关系进一步验证。测试内容包括联锁系统特殊设计和接口测试两个方面。

3　评判标准

《CTCS-3级列控系统总体技术方案》(科技运〔2009〕34号);《CTCS-3级列控系统系统功能需求规范(FRS)》(科技运〔2008〕113号);《CTCS-3级列控系统系统GSM-R网络需求规范》(科技运〔2008〕168号);《计算机联锁技术条件》(TB/T 3024—2002);《分散自律调度集中系统技术条件(暂行)》(修订稿)。

10.3.5.6　CTC系统功能测试

1 试验目的

对CTC的基本功能、整体性能、接口关系等进行试验和验证，在CTC模拟故障情况下，测试故障的影响范围，以及集成商提供的应对该故障的备有手段的有效性和合理性，保证CTC系统安全、有序、稳定运行。

2 试验内容

CTC系统功能测试包括基本功能测试、接口关系测试和故障模拟测试三个部分。

3 评判标准

《调度集中车站自律机与计算机联锁接口通信协议(V1.1)》(运基信号〔2006〕312号)；《GSM-R与CTC_TDCS系统数据传输接口规范(暂行)》(运基通信〔2006〕185号)；《分散自律调度集中系统(CTC)技术条件(暂行修订稿)》(科技运函〔2004〕15号)；《调度集中系统(CTC)数据通信规程》(运基信号〔2007〕696号)；《客运专线列控系统临时限速技术规范(V1.0)》(科技运〔2008〕151号)；《列车调度指挥系统(TDCS)、调度集中系统(CTC)组网方案和硬件配置标准》(暂行)(运基信号〔2009〕676号)；《CTCS-3级列控系统总体技术方案》(科技运〔2008〕34号)。

10.3.6 运营调度系统

1 试验目的

主要考核运营调度系统的功能和性能是否满足高速铁路调度指挥的要求；评估运营调度系统在列车各种运行条件下的调度管理与指挥控制能力；测试运营调度系统与信号、客运服务等系统之间的信息接口功能。根据测试结果，指导运营调度系统功能、性能和内外部接口关系调试。

2 试验内容

1)运营调度系统功能和性能测试

运行管理子系统，运输计划发布与接收，车辆管理子系统，维修管理子系统，客运服务调度子系统。

2)运营调度系统接口功能测试

与信号系统的接口，与客运服务系统的接口，与防灾安全监控系统的接口，与SCADA系统的接口，与动车维修管理信息系统的接口。

3　评判标准

1)《铁路客运专线运营调度系统总体技术方案》(铁集成〔2008〕49 号)。

2)《铁路运输调度规则》。

3)《铁路客运专线技术管理办法(试行)》(200～250 km/h 部分)(铁科技〔2009〕115 号)。

4)《铁路客运专线技术管理办法(试行)》(300～350 km/h 部分)(铁科技〔2009〕212 号)。

10.3.7　客运服务系统

10.3.7.1　窗口售票系统主要业务功能测试

1　试验目的

确认 TBS 系统的整体功能是否满足高速铁路票务系统的设计要求。

2　试验内容

车站窗口售票,车站窗口退票,车站窗口改签,电子票换票,取票,废票,应急售票,双机切换情况下售票业务可恢复性,收入统计等。

3　评判标准

高速铁路设计文件;高速铁路合同文件技术条款;《客运专线客运服务系统总体技术方案》(铁集成〔2008〕41 号);全路客票系统(TRS)与高速铁路票务系统(TBS)互联互通方案。

10.3.7.2　自动售票系统主要业务功能测试

图 10.3.7—1　自动售票机

1 试验目的

确认自动售票系统的整体功能是否满足高速铁路自动售票系统的设计要求。

2 试验内容

自助购票，自助取票，自助换票，钱箱与现金管理，票卷管理，收入统计，终端特性，售票速度等。

3 评判标准

高速铁路设计文件；高速铁路合同文件技术条款；《客运专线客运服务系统总体技术方案》(铁集成〔2008〕41 号)；全路客票系统(TRS)与高速铁路票务系统(TBS)互联互通方案。

10.3.7.3 自动检票系统主要业务功能测试

图 10.3.7—2 进站闸机检票

1 试验目的

确认自动检票系统的整体功能是否满足自动检票系统的设计要求。

2 试验内容

磁票检票，电子票检票，行人通行测试，应急检票，检票数据管理，检票速度等。

3 评判标准

高速铁路设计文件;高速铁路合同文件技术条款;《客运专线客运服务系统总体技术方案》(铁集成〔2008〕41 号);全路客票系统(TRS)与高速铁路票务系统(TBS)互联互通方案。

10.3.7.4 到站补票系统主要业务功能测试

1 试验目的

通过对高速铁路客运服务系统的到站补票系统的联调联试,确认补票系统是否满足设计要求。

2 试验内容

补票,补票手续费收取,补票存根处理等。

3 评判标准

高速铁路设计文件;高速铁路合同文件技术条款;《客运专线客运服务系统总体技术方案》(铁集成〔2008〕41 号)。

10.3.7.5 旅客服务集成管理平台主要业务功能测试

1 试验目的

确认集成管理平台的各项功能是否满足设计要求,信息是否准确、及时。明确客运服务系统开通时,集成管理平台是否达到运行试验要求。

2 试验内容

分正常、代管、应急三种工作模式测试:列车到发管理业务,广播业务,引导业务,设备管理业务。

3 评判标准

高速铁路设计文件;高速铁路合同文件技术条款;《客运专线客运服务系统总体技术方案》,铁集成〔2008〕41 号。

10.3.7.6 售检票业务流程测试

1 试验目的

通过对高速铁路客运车站的售检票系统业务流程的测试,明确售、退、检、签、换等票务处理的各环节之间是否满足《铁路旅客运输规程》的要求。

2 试验内容

窗口售票后自动检票，窗口售票后改签再检票，检票后窗口退票，自动售票机售票后自动检票，自动售票机售票后窗口改签再检票，自动售票机售票窗口换票再检票，自动售站台票机售票后检票，自动售票窗口结账。

3 评判标准

高速铁路设计文件；高速铁路合同文件技术条款；《客运专线客运服务系统总体技术方案》（铁集成〔2008〕41 号）；《铁路旅客运输管理规程》。

10.3.7.7 旅客服务业务流程测试

1 试验目的

明确正常、晚点、晚点变更、集中管控情况下列车广播、引导等业务是否准确、及时，为开通运营后的客运组织管理提供依据。

图 10.3.7—3 综合显示系统

2 试验内容

1）列车正常到达时在站台、出站通道和出站口的广播、引导业务。

2）列车正常出发时在售票厅、进站口、候车室、进站通道、站台的广播、引导业务。

3）途径列车的广播、引导业务。

4）到达列车晚点情况下的广播、引导业务。

5)出发列车晚点情况下的广播、引导业务。

6)到达列车晚点情况下变更股道、出站口后的广播、引导业务。

7)出发列车晚点情况下变更候车室、检票口、股道后的广播、引导业务。

8)集中管控模式下到达、出发、途经列车的广播、引导、监控业务。

3　评判标准

高速铁路设计文件;高速铁路合同文件技术条款;《客运专线客运服务系统总体技术方案》(铁集成〔2008〕41 号)。

10.3.7.8　客运服务系统内部接口关系测试

1　试验目的

确认票务系统与旅客服务系统之间,票务内部子系统之间,旅客服务集成管理平台与旅客服务子系统之间进行数据交换是否准确、及时。

2　试验内容

TBS 系统与旅客服务集成管理平台接口,TBS 系统与自动售票系统接口,TBS 系统与自动检票系统接口,旅客服务集成管理平台与自动检票系统接口,旅客服务集成管理平台与自助查询系统接口等。

3　评判标准

高速铁路设计文件;高速铁路合同文件技术条款;《客运专线客运服务系统总体技术方案》(铁集成〔2008〕41 号)。

10.3.7.9　客运服务系统与外部系统之间接口关系测试

1　试验目的

确认旅客服务集成管理平台从外部系统获取的列车运行动态信息、统一时钟信息、视频监控图像信息、消防火灾报警信息等数据是否准确、及时。

2　试验内容

客运服务系统与 TDMS 系统接口关系,客运服务系统与通信时钟系统接口关系,客运服务系统与综合视频监控系统接口关系,客运服务系统与 FAS 火灾报警系统接口关系。

3　评判标准

高速铁路设计文件;高速铁路合同文件技术条款;《客运专线客运

服务系统总体技术方案》(铁集成〔2008〕41 号);《铁路综合视频监控系统技术规范》。

10.3.7.10 通信网络性能测试

1 试验目的

确认客服系统通信网络的各项性能指标是否符合相关标准要求。

2 试验内容

中心与车站票务系统广域网性能,窗口售票系统网络性能,自动售票系统网络性能,自动检票系统网络性能,到站补票系统网络性能,旅客服务系统网络性能,办公网络性能。

3 评判标准

高速铁路设计文件;高速铁路合同文件技术条款;《客运专线客运服务系统总体技术方案》(铁集成〔2008〕41 号);《基于以太网技术的局域网系统验收测评规范》(GB/T 21671—2008);《综合布线系统工程验收规范》(GB 50312—2007)。

10.3.8 防灾安全监控系统

1 试验目的

通过对现场监测设备、监控单元、监控数据处理设备、调度所设备、传输网络及系统对外接口组成的防灾安全监控系统的测试,验证系统是否达到设计要求。

2 试验内容

1)冗余功能:数据库服务器、应用服务器、磁盘存储设备、核心网络交换机、监控单元主机、监控单元 UPS 电源等。

2)大风监测功能:实时监测、报警及限速提示、报警时限、报警解除时限、查询统计等。

3)雨量监测功能:实时监测、报警及限速提示、查询统计等。

4)异物侵限监控功能:实时监测,异物侵限报警处置及恢复,查询统计。

5)报警实时性测试:大风报警实时性,异物侵限报警实时性。

6)设备状态监控功能测试:通过在现场监测点、监控单元和监控数据处理设备模拟设备故障,在监控终端观察设备状态变化情况,测试设备状态监控功能是否正常。

7)与列控系统接口功能测试:通过正常情况、单电网断开、双电网断开、上行临时通车、下行临时通车、调度恢复、远程试验等操作,在列控中继站验证防灾安全监控系统接口继电器动作状态的是否符合要求。

3 评判标准

符合设计要求及相关技术标准规定。

10.3.9 综合视频监控系统

1 试验目的

通过对综合视频监控系统的应用功能、联动功能、图像质量及接口关系的联调联试,评估综合视频监控系统对高速铁路沿线及站/段重要设备的图像监控能力,验证综合视频监控系统能否为铁路各业务部门及铁路相关信息系统提供高质量的视频信息。

2 试验内容

1)综合视频监控系统功能测试

视频图像采集,视频实时监视,视频回放,云镜控制,视频分发/转发,视频内容分析,视频联动。

2)综合视频监控系统性能测试

图像质量,视频分发/转发指标。

3)与外部系统的接口测试

测试从旅客服务、动力环境监测、SCADA 等外部系统获取需要的信息并处理,并把相关的视频信息和告警信息传送给其他应用系统。

3 评判标准

1)《视频安防监控系统技术要求》(GA/T 367/2001)

2)《民用闭路监视电视系统工程技术规范》(GB 50198—94)

3)《铁路综合视频监控系统技术规范(试行)》(运基通信〔2008〕630号)。

10.3.10 综合接地

1 试验目的

通过对动车组正常运行和故障条件下轨道电位、牵引回流等内容的测试,检验其综合接地系统的技术性能与指标是否符合相关标准要求。

图 10.3.10 综合接地测试

2 试验内容

1)钢轨电位

测量列车运行过程中产生的钢轨电位。

2)轨旁设施电位

测量列车通过时轨旁金属结构物及设备的感应电位。

3)牵引回流

测量不同列车运行速度条件下的钢轨、PW 线及贯通地线中的牵引回流。

4)接地电阻

测量贯通地线接地电阻。

3 评判标准

《铁路防雷、电磁兼容及接地工程技术暂行规定》(铁建设〔2007〕39号);《ZPW-2000 系列无绝缘轨道电路技术条件》(TB/T 3206—2008);《客运专线综合接地系统设计原则》(暂行)(工管〔2006〕18 号)。

10.3.11 电磁兼容

1 试验目的

通过动车组高速运行条件下对外部电磁辐射的测量和接触网工频

电磁场的测量，检验无线电干扰和工频电磁场是否满足相关标准要求。

2　试验内容

测量距线路外轨中心线 10 m 处列车通过时的电磁辐射强度。

3　评判标准

《铁路应用电磁兼容性－铁路系统对外部的电磁辐射》(IEC 62236—2)；《500 kV 超高压送变电工程电磁辐射环境影响评价技术规范》(HJ/T 24—1998)。

10.3.12　振动噪声

1　试验目的

测试高速铁路典型桥梁、路基区段在高速动车组以不同速度运行时的环境噪声、环境振动以及声屏障的降噪效果和结构气动力影响，评价环境噪声、振动是否满足相关标准要求。

2　试验内容

1)环境噪声测试内容

典型桥梁、路基线路条件下，高速动车组环境辐射噪声测试；铁路边界噪声测试。

2)环境振动测试内容

测试高速动车组以不同速度通过典型桥梁线路、路基线路的环境振动源强，各列车通过时的环境振动时域、频域特性。

3)声屏障测试内容

声屏障降噪效果测试；声屏障结构气动力影响测试。

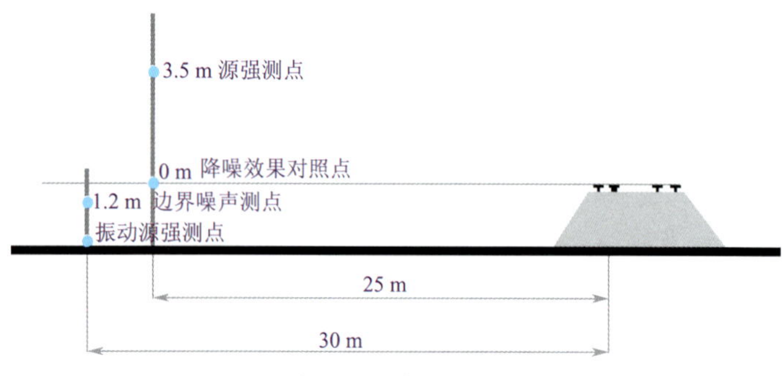

图 10.3.12　路基声屏障断面测点布置示意图

3 评判标准

《机车车辆及动车组运行辐射噪声限值》(GB/T 13669(报批稿));《铁路边界噪声限值及其测量方法》(GB 12525—90);《城市区域环境振动标准》(GB 10070—90);时速 350 km 高速铁路声屏障通用参考图;脉动风压、挠度值、声屏障固有频率标等三项指标。

10.3.13 路基结构车载探地雷达测试

1 试验目的

通过探地雷达检测,获得线路基床厚度以及基床范围内路基的填筑结构状况,根据路基的填筑状况以及基床厚度的变化分析了解全线基床结构层面的平整度,路基的沉降变形特征及分布情况,评价高速铁路路基的总体性能,为轨道结构的调整、养护维修和运营管理提供基础资料。

2 试验内容

1)测试基床结构层变化情况。

2)测试基床表层厚度。

3)基床底层顶面的平整度。

4)基床含水率及与底座接触情况。

3 评判标准

《铁路工程物理勘探规程》(TB 10013—2004)、《铁路工程地质勘察规范》(TB 10012—2001)、《客运专线铁路工程竣工验收动态检测指导意见》(铁建设函〔2008〕7 号)、《高速铁路设计规范(试行)》(TB 10621—200)以及工务设备文件。

10.3.14 路基及过渡段动力性能测试

1 试验目的

通过测试动车组以不同速度运行时典型路基及过渡段的动态响应(动变形、竖向振动加速度等),结合路基基床土体的强度特性,分析路基及过渡段结构在实车运行条件下的动力特性及工作状态,评价动车组通过该类填料的路基及过渡段时的适应性与平稳性,进而判断其设计合理性。

图 10.3.14　路基段现场测试

2　试验内容

1）　路基基床表层顶面的动应力；

2）　路基基床表层顶面的动变形；

3）　路基基床表层顶面的振动加速度；

4）　过渡段动变形沿纵向的分布规律。

3　评判标准

临界体积效应剪应变参考 Vucetic 汇总的资料。根据轨道结构、路基形式、填料特性等方面，结合实测数据，通过数值分析确定路基及过渡段动变形、振动加速度限值。

10.3.15　桥梁动力性能测试

1　试验目的

判断结构在动载作用下的工作状态（包括长大桥梁等跨布置引起的竖向周期性不平顺效应、动车组通过桥梁区段时的脱轨系数、轮重减载率、轮轴横向力、平稳性指标），验证桥梁是否具有合理的竖向和横向刚度，分析、评价动车组通过桥梁时的安全性和平稳性。

2　试验内容

1）梁体控制截面的动应变及动力系数。

2）梁体控制截面动挠度及动力系数。

3)梁体竖向振动(含振幅、强振频率、自振频率、阻尼比)。

4)梁体横向振动(含振幅、强振频率、自振频率、阻尼比)。

5)桥面竖向振动加速度。

6)桥墩横向振动(含振幅、强振频率、自振频率)。

7)跨梁缝处相邻两个钢轨支承点间的横向相对位移。

8)橡胶支座竖向动位移。

9)安全性和平稳性指标。

10)列车速度和位置。

11)GPS 时间对准。

3 评判标准

《客运专线铁路工程竣工验收动态检测指导意见》(铁建设〔2008〕7号)、《高速铁路设计规范(试行)》(TB 10621—2009),《铁路桥梁检定规范》(铁运函〔2004〕120 号)、欧洲规范 1(DIN EN 1991—2:2004;德文版 EN 1991—2:2003)。

10.3.16 隧道内气动效应测试

1 试验目的

验证隧道断面参数的合理性,评价其对周边环境的影响,掌握列车风的变化规律。

2 试验内容

1)瞬变压力。

2)列车风。

3)微气压波。

3 评判标准

1)瞬变压力

车内:单线隧道情况为 $\Delta P<0.80$ kPa/3 s;双线隧道情况为 $\Delta P<1.25$ kPa/3 s。

隧道内:ORE 组织 C149 委员会“高速列车通过隧道时对人体听觉器官的效应试验”第 10 号报告——$\Delta P<5$ kPa/3 s。

2)列车风

站台旅客和线路作业人员允许承受的列车风风速为 14 m/s。

3)微气压波

《客运专线铁路工程竣工验收动态检测指导意见》(铁建设〔2008〕7号)。

10.3.17 列车空气动力学测试

1 试验目的

分析交会过程中的空气动力学效应对动车组车体强度、乘坐舒适度和运行安全性等方面的影响。

2 试验内容

1)测试两列动车组在明线交会时车、内外空气压力变化,考核动车组明线交会的安全性、舒适性。

2)监测两列动车组在明线交会过程中动车组的动力学性能。

3 评判标准参考

1)车内外压差 ΔP:$\Delta P<6\ 000$ Pa;

2)车内空气压力变化 ΔP_i:3 s 内车内空气压力变化 $\Delta P_{i3}\leqslant 1\ 250$ Pa。

10.3.18 运行试验

10.3.18.1 列车运行图参数测试

1 试验目的

确定动车组全程运行时分,区间运行时分,中间站起停附加时分,中间站列车运行间隔时间,始发站列车到发、发到间隔时间、参数,为列车运行图的铺画提供可靠的时间标尺;结合多列车追踪间隔时间的仿真计算,确定符合实际的追踪列车间隔时间,验证系统列车追踪能力是否符合设计要求。

2 试验内容

1)全程运行时分及各区间运行时分。

2)中间站起停附加时分起、停。

3)中间站列车运行间隔时间。

4)始发站列车到、发间隔时间(同一股道或具有进路交叉的股道)。

5)可选测试项目:列车在站技术作业时分。

6)追踪列车间隔时间测试。

3 评判标准

《高速铁路设计规范(试行)》(TB 10621—2009)。

10.3.18.2 追踪

1 试验目的

通过多列车追踪间隔时间的仿真计算和实车测试,确定符合实际的追踪列车间隔时间,验证系统列车追踪能力是否符合设计要求。

2 试验内容

各种追踪列车间隔时间。

3 评判标准

《高速铁路设计规范(试行)》(TB 10621—2009)、相关设计文件。

10.3.18.3 故障模拟

1 试验目的

检验整体系统的故障处理能力,发现问题、消除隐患,提高系统在设备故障条件下的快速反应和协作处理能力,同时进一步使行车人员熟练掌握行车设备,熟悉操作规程和行车规章。

2 试验内容

1)故障现场人员事故报告的程序、时间及内容;

2)故障处理相关工种处理流程、时间;

3)接到故障报告后上级调度指挥部门的处理程序、时间及下发命令的内容。

3 评判标准

以运营单位制定的故障处理流程为标准。

10.3.18.4 应急救援演练

1 试验目的

检验各系统应急响应和保障能力,验证预案处理流程和应急救援方案的可操作性,使相关人员积累突发事件应急救援经验,熟悉应急救援流程和相关规定。

2 试验内容

1)现场人员事故报告的程序、时间及内容。

2)应急处理相关工种处理流程、时间。

3)接到紧急事件报告后上级调度指挥部门的处理程序、时间及下发命令的内容。

4)各级指挥系统建立后向上级机构报告的时间及内容。

3　评判标准

《铁路客运专线技术管理办法(试行)》(TG/04—2009)以及铁路局高速铁路运营单位制定的应急预案流程。

10.3.18.5　按图行车

1　试验目的

全面检验开通运营时列车运行图的合理性以及各系统和整体系统的稳定性及能力,为优化列车开行方案提供参考;使运营管理人员全面掌握各种规章,熟练各种设备的使用,提高正式运营时的工作效率,最终使整体系统达到最佳运行状态。

2　试验内容

1)列车运行时间测试统计。

2)动车段(所)、存车场走行时间及追踪间隔时间测试统。

3)车站技术作业时间测试统计。

3　评判标准

已获得批准的列车运行图技术资料。

11 问题诊断

联调联试注重试—调—试的过程，通过对全线的各系统和系统之间的匹配进行充分的测试、检验、调试、优化，系统地验证动车组高速运行各方面的关键技术，优化设备的配置和性能，使整体系统满足开通运营要求。对于联调联试中测试检验出的问题，要及时诊断，及时调整优化。

11.1 联调联试过程中的问题处理

11.1.1 轨道状态

11.1.1.1 轨道几何状态

检测列车及动车组对轨道几何状态进行检测，一般情况下前期检测时Ⅲ、Ⅳ级超限点个数较多，问题主要出现在线岔结合部和缓和曲线地段，平均 TQI 较大。应根据检测发现的超限点，利用天窗时间不断对轨道进行精细调整，循环推进，促使各项轨道几何状态评价指标不断改善，线路总体质量不断提升，轨道几何状态保持稳定，无Ⅲ、Ⅳ级超限，TQI 值下降。

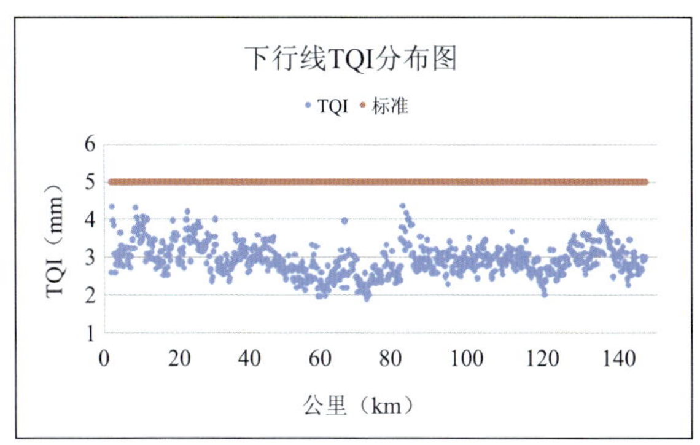

图 11.1.1—1　轨道几何状态检测(每公里平均 TQI:2.98 mm)

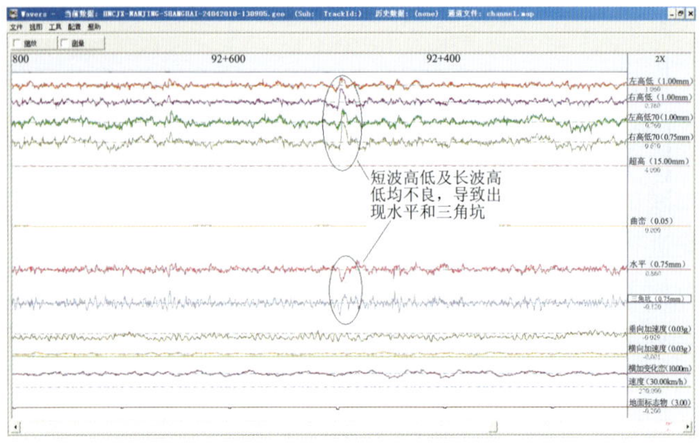

图 11.1.1—2　轨道精调几何尺寸检测波形图

11.1.1.2　动车组动力学响应

提速试验过程中，脱轨系数、轮轴横向力和轮重减载率会多次出现大值，且在个别位置超限。应在联调联试过程中，精整线路大值点和超限处所，确保拉通试验时线路几何状态达标。

1　脱轨系数大值点主要出现在道岔位置，主要是岔心、岔尖的轨距、轨向不平顺等引起，个别大值点出现在曲线、竖曲线等位置，主要是轨向、高低、三角坑等不平顺或由多个不平顺复合引起。可采取调整垫片、轨向等措施进行整治。应检测、精调大值点，消灭超限。

2　轮轴横向力大值点主要出现在道岔位置，个别道岔区可能多次出现横向力大值甚至超限，主要是岔心、岔尖的轨距、轨向不平顺等引起；个别大值点出现在曲线位置，特别是曲线过渡段，主要是轨向不平顺引起。可通过调整垫片、轨距、轨向等措施进行整治。应检测、精调大值点，消灭超限。

3　轮重减载率大值点一般出现在曲线、道岔、直线、竖曲线、焊缝等多种工况下，主要是轨道空吊、高低、三角坑、焊缝病害等多种缺陷引起，可通过调整垫片、打磨焊缝等措施进行整改。

4　针对动车组动力学响应检测期间出现的大值点对应线路区段

查找问题原因,并进行精调。钢轨打磨对提高线路质量非常有效,应对未打磨区段进行检查和打磨。

图 11.1.1—3 打磨后的钢轨光带

11.1.1.3 轨道结构动力性能测试

1 动车组通过轨道结构测试工点时,脱轨系数最大值、轮重减载率最大值、轮轴横向力最大值超出相应安全限值。

2 动车组通过轨道结构测试工点时,轮轨垂直力实测最大值均应在设计荷载以内,其结构强度安全储备不足。

3 动车组通过轨道结构测试工点时,钢轨横向位移实测最大值、动态轨距最大缩小量超过规定范围,扣件系统不能保持动态轨距。

4 动车组通过轨道结构测试工点时,实测钢轨垂向位移最大值、轨道板垂向位移最大值超出规定范围,扣件系统弹性不良。

5 动车组通过轨道结构测试工点时,实测钢轨、轨道板、底座(支承层)、梁面(路基面)垂向振动加速度最大值超出《动态检测指导意见》要求范围。

6 出现指标超限时,项目管理机构应组织设计、施工、监理单位分析原因并制定整改和监控措施。

11.1.1.4　道岔动力性能测试

1　动车组直、侧向通过道岔时，地面测试的脱轨系数实测最大值、轮重减载率最大值、轮轴横向力最大值超出相应限值。

2　动车组直、侧向通过道岔时，基本轨横向位移实测最大值、翼轨横向位移最大值、尖轨开口量最大值超出相应限值。

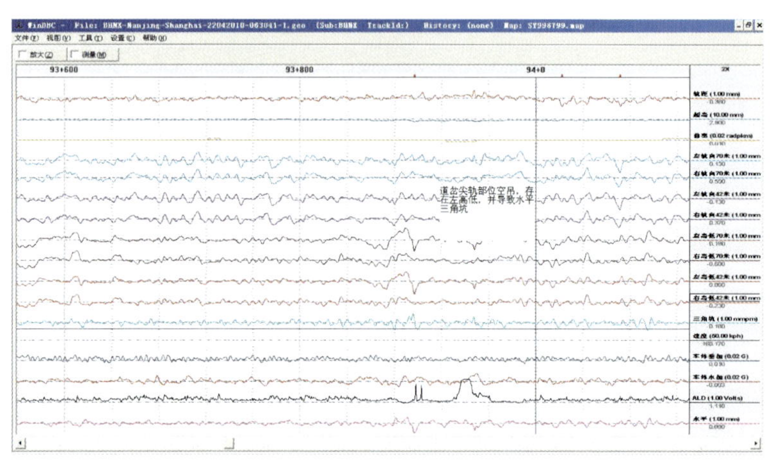

图 11.1.1—4　道岔精调几何尺寸检测波形图

3　动车组直向通过道岔时，轮轨荷载的转移不符合设计要求。

4　道岔岔区范围内钢轨垂向位移平均值、岔区轨道处各测点钢轨垂向位移平均值、区间轨道处钢轨垂向位移平均值超出限值。

5　道岔各牵引点处转换力超限，转换夹异物试验结果不满足要求。转换设备各处应力、加速度及动态位移测试指标超限。

6　动车组直、侧向通过各车站道岔时，脱轨系数、减载率、轮轴横向力、车体横向、垂向加速度超标。

7　出现指标超限时，项目管理机构应组织设计、施工、监理单位分析原因并制定整改和监控措施。

11.1.1.5　建议

1　无砟轨道精调作业一般按照先高程后平面，再进行轨距、水平等递减率的调整的作业程序。根据测量小车的分析数据，先进行垫片作业将高程调整到位，再利用轨距挡板或轨距块等调整线形，确保轨道中线相对精度满足要求；根据轨距道尺检查的轨距、水平，进行水平和轨距以及递减率的调整。

2 根据扣件系统特点，安排各种组合件型号的加工计划，提前做好调整材料的准备工作。

3 在框架尺寸、结构状态良好的前提下，要保证将长心轨、直尖轨调直、调顺；应成立工电联合整治组，及早对道岔工电结合部整治，确保尖轨、心轨结合部作用良好。

11.1.2 接触网

11.1.2.1 接触网状态检测

联调联试初期，易出现个别点接触线拉出值超限、接触网高度和一跨内高差超标、硬点超标、弓网动态接触力平均值偏大和最小值达不到设计要求等问题。对导线高度由低变高位置处的导高应加强整治和监控，保证接触线平缓过渡。对锚段关节处的接触线等高点应加强整治，保证接触网良好的弹性均匀度和平顺度。应根据检测数据，加强接触网状态动态检测，循环调整个别或局部断面。

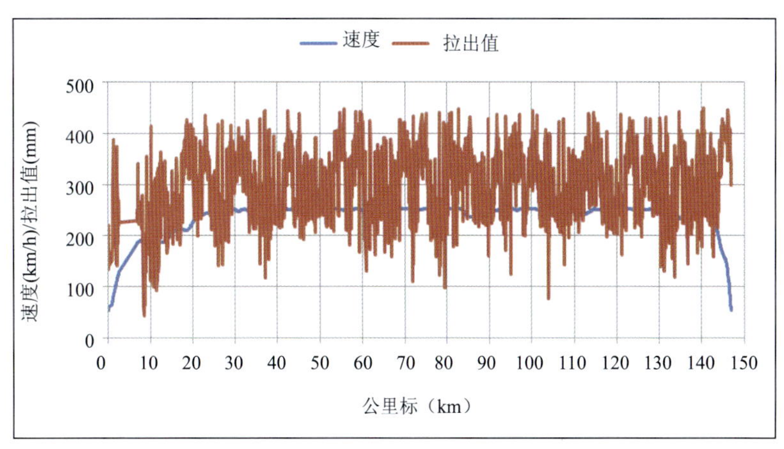

图 11.1.2—1 接触网检测拉出值图

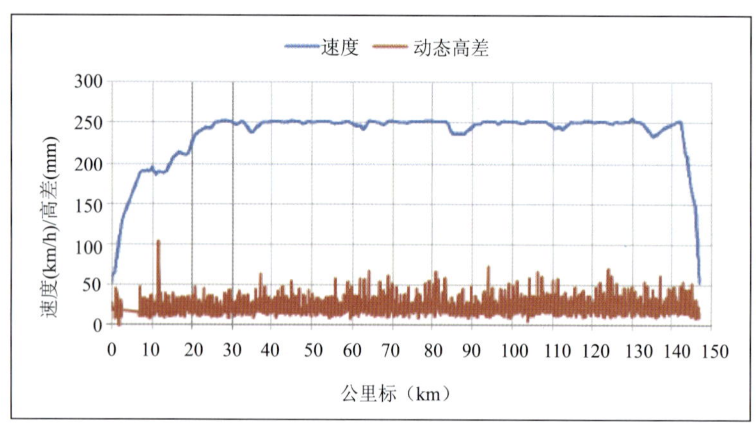

图 11.1.2—2　接触网检测动态高差图

11.1.2.2　弓网受流性能测试

联调联试初期，易出现个别点弓网动态接触力平均值偏大和最小值达不到设计要求、一跨内一次最大离线时间和离线燃弧次数超标、硬点超标、接触线的最大、最小动态高度和接触导线最大垂直振幅超标等问题。应根据检测数据，加强接触网状态动态检测，循环调整个别或局部断面。

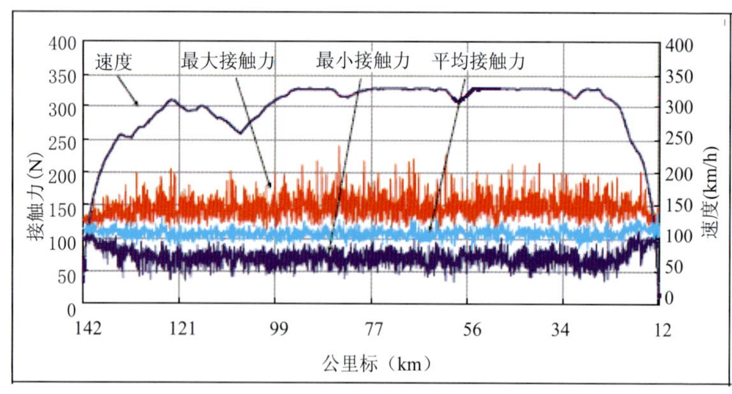

图 11.1.2—3　弓网受流检测接触力曲线图

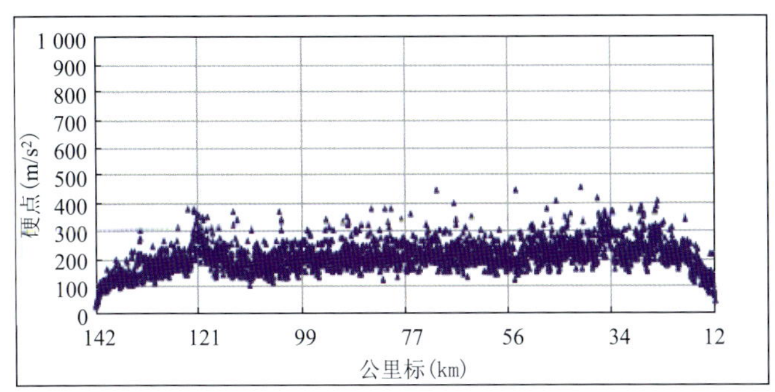

图 11.1.2—4 弓网受流性能检测硬点散点图

11.1.2.3 接触网性能测试

联调联试初期,易出现个别点接触网静态弹性差异系数过大、接触线动态抬升量超标等问题。应根据检测数据,加强接触网状态动态检测,不断调整接触网(也可根据检测数据,在运营过程中调整动车组受电弓),确保弓网匹配。

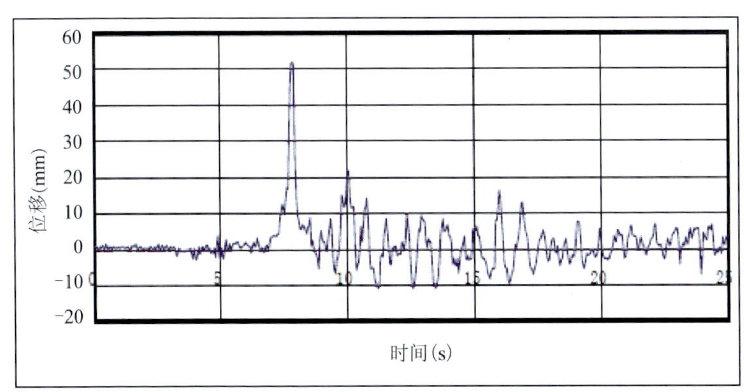

图 11.1.2—5 接触网动态抬升曲线图

11.1.3 牵引供电

1 测试中易发生故障点位置和故障点标定装置的表示不一致,应根据短路试验结果,调整故障点标定装置参数。

2　测试中易发生分区所两侧接触网电压反相，应核对分区所处分相两侧电压相位。

3　接触网牵引供电臂末端电压过高超标，应调整相应牵引变电所主变压器分接开关。

4　SCADA 系统在抽样测试中，部分变电所遥测量现场值和调度值不一致，需要调整后进行复测。

11.1.4　通信

11.1.4.1　GSM-R 电磁环境测试

部分区段受其他通信基站干扰，GSM-R 电磁环境测试数据不良，铁路局应协调中国移动等单位加强清频工作。

11.1.4.2　GSM-R 网络服务质量测试

1　联试联试初期，可能会发生由于网络信令流程的处理问题，导致 CSD 数据测试无法正常进行，每次与地面服务器连接建立之后马上中断。应及时联系集成商整改。

2　前期测试中，区段可能受到较大干扰，多次发生切换失败、连接建立失败、连接丢失等情况，应协调中国移动等单位加强清频工作。

3　前期测试中，由于基站未能正常工作，可能会出现呼叫失败、切换失败等情况，应及时联系集成商整改。对紧急呼叫建立时间不满足标准的问题要求集成商进行分析和进一步网络优化。

4　前期测试中，由于沿线 GSM-R 频段受到较大电磁干扰和集成商网络优化工作未完成等原因，全线 CSD 传输干扰率可能会不能满足标准要求，应进行清频和网优。

11.1.4.3　应用业务测试

1　定位 PRI 接口 E1 接头松动，可能会导致调度台、车站值班台无法呼叫移动终端，应通知 MSC 厂家检查设备，解决问题。

2　测试初期，移动终端在区间发起 299 紧急呼叫时可能呼叫不到调度台，应通知 FAS 厂家人员整改问题。

3　测试初期，调度台的功能号可能有误，应通知 FAS 厂家人员整改问题。

4　测试初期，移动终端在沿线发起 1210 短号码呼叫可能无人接听，应通知 FAS 厂家人员整改问题。

5 测试初期，CTC 发送的数据格式有误，可能导致动车组 CIR 站内无法收到 CTC 发送的进路预告，应通过 CTC 整改解决问题。

11.1.4.4 通信系统可靠性测试

通道保护功能测试过程中，中断部分 2M 通道，可能发生该部分至调度所列调台的话音通信正常、调度系统网管显示 2M 通道故障，重新恢复后，调度系统的网管仍存在系统通道故障告警，且告警功能无法清除的情况。应要求设备厂家重新调试网管系统，更改软件。

11.1.4.5 数据网测试

测试中，可能会发生通信段两台汇聚路由器间千兆链路吞吐量、时延、丢包率测试数据不合格，调度所在两个汇聚层路由器之间的链路接入层达不到设计要求，调度所通信段接入层在千比特帧以上不能完全达到 100%，应要求集成商和厂家排查问题，复测过程中应避免非测试人员使用网络的干扰。

11.1.5 信号系统

11.1.5.1 信号设备状态检测

检测中，易发生补偿电容失效、轨道电路失格、临界、邻线、邻区段干扰和 50 Hz 干扰等问题，且大多数问题可能重复发生；应答器主要发生位置、编号错误、应答器丢失、有源应答器默认报文等问题，应进行分析整改。

11.1.5.2 CTCS-3 级列控系统功能测试

1 进站前断开无线连接，建立连接后，车载 DMI 显示“ATPCU 故障”。因地面变坡点较多，侧线通过时可能导致 ATPCU 故障，可更换车载软件多次复测消除。

2 无行车许可、行车许可不延伸、收到未知的 CEM 消息导致行车许可异常缩短等。

3 机车信号掉码、轨道电路载频不一致、轨道电路闪红、应答器默认报文、应答器信息缺失、应答器报文错误等。

4 CTCS-2 级和 CTCS-3 级列控系统对线路速度曲线的描述不一致，导致列车在 C2 转 C3 或 C3 转 C2 后超速触发紧急制动。

5　列车 C2 通过出站口转 C3 未成功，不能满足高速设计要求在正线车站的出站口都设置等级转换条件。

6　目视模式越过 RBC 移交边界后无法自动转入 FS 模式。

7　允许速度曲线与码序定义不一致，速度曲线突降等。

8　临时限速无预告，部分车站无车站名显示，DMI 显示“常用制动输出反馈不良”，C2 转 C3 后公里标消失；车载设备 C2 系统故障。

11.1.5.3　跨线 CTCS-3 级列控系统兼容性测试

1　装载 CTCS3-300S 车载设备的动车组

1)侧线 PS 模式发车时允许速度曲线跳变，列车以 PS 模式发车，收到 UUS 码生成 80 km/h 限速曲线后，发生 80 km/h 到 45 km/h 的瞬间跳变，触发最大常用制动。

2)列车在接车股道 HU 码掉码后，触发紧急制动停车，收到 UUS 码后转入 FS 模式，但 FS 模式无法越过出站信号机，要回到 SB 模式后再选择 PS 模式发车。

3)应答器信息缺失。

2　装载 CTCS3-300T 车载设备的动车组侧线停车后发车，车载 ATP 模式发生 FS 模式向 PS 模式的瞬间跳变。

3　有源应答器发送默认报文；机车信号掉码或载频核对不一致；地面低频信息码与允许速度不一致；侧线停车后发车，PS 模式、地面为 UUS 码，允许速度为 45 km/h，与《铁路客运专线技术管理办法(试行)(300～350 km/h 部分)》要求不符。

11.1.5.4　CTCS-3 级列控系统后备模式功能测试

1　CTCS2-200H 列控车载设备主要问题表现在 DMI 多次提示“应答器信息缺失”。

2　CTCS2-200C 列控车载设备主要问题表现在 DMI 提示“应答器信息缺失”或“应答器位置错误”以及侧线发车速度曲线跳变。

11.1.5.5　CTC 系统功能测试

两个临时限速显示光带重叠时只显示限速速度值低的临时限速命令内容；CTCS-3 级列控系统条件下的一些拓展功能还不具备。与既有线的接口间数据传输有问题，需两家协调完成；车号有丢失现象，要求有关厂家进一步观察改进;在 CTC 显示界面上没有显示分相区、RBC 切换点标识和行车许可。

11.1.6 客运服务系统

1 由于存根丢失,TBS 停办改签和退票业务;收入统计互联互通接口不稳定;应解决 TBS 系统与 TRS 系统互联互通工作中存在的问题。

2 完善应急售票功能,以及与自动检票系统联动的接口,实现票数和票款的统计;解决 TBS 无法采用发到站方式从 TRS 系统获取车次的问题;解决同一张车票可以多次改签的问题。

3 自动售票系统的双机脚本未安装,主备双机切换时的售票业务不可恢复。应安装自动售票系统的服务器双机脚本,使主备应用服务器切换时可恢复售票业务。

4 安装调试各站的应急检票服务器,实现与中心检票服务器数据同步。查明车站无法上传检票存根的原因。查明无障碍通道打开闸门缓慢的原因,部分闸机不打印已检标志的原因。

5 解决车站引导设备监控状态与实际状态不符的问题。解决应急售票窗口发售的车票无法通过检票闸机的问题。

6 中心站票务广域网上行带宽达不到设计要求;自动检票系统信息点存在接线错误;部分车站线缆超长;配线架面板模块上无清晰、完整标识;配线架与交换机之间跳线部分未连接。

7 解决 TBS 系统与集成管理平台之间接口问题;解决集成管理平台与查询系统之间接口问题。

8 实现各站旅客服务集成管理平台与 TDMS、FAS 系统的接口;解决集成平台中视频监控画面不清晰,延时偏高,抓拍回放失败的问题。

11.1.7 防灾安全监控系统

可能会出现应用服务器双机冗余切换时间稍长。应要求集成商查找原因、解决问题。

11.1.8 综合接地

1 通过综合接地测点时,可能会出现钢轨回流较大,保护线回流占总回流比例偏小。

2 部分变电所、分区所或 AT 所的地网回流偏大。

3 加强安全维护管理,注意检查贯通地线接续性。

11.1.9 振动噪声

1 列车通过暴露声级(TEL)可能会超出《机车车辆及动车组运行辐射噪声限值》(GB/T 13669(报批稿))0~1.0 dB(A)允许限值,应采取降噪措施。

2 车流密度增加后,对应的铁路边界噪声可能超出国家标准限值要求,应即时加强噪声监测,根据监测结果适时完善降噪措施。

11.1.10 路基结构车载探地雷达测试

1 路基局部下沉

雷达剖面上基床表层反射的同相轴发生明显的弯曲下沉或同相轴中断不连续,有时是时断时续。主要是因局部路基欠压实,其强度和承载能力不能满足要求。

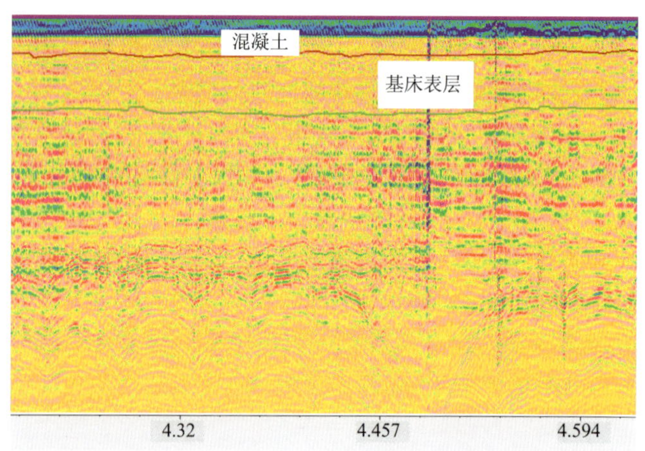

图 11.1.10—1 平整基床雷达剖面

2 含水量偏高

雷达剖面上低频强振幅高能量反射,有时会出多次反射现象,在彩色雷达剖面上表现为低频、强振幅、高能量雷达图像,含水量越高,反射能力越大,雷达剖面中的蓝、紫的反射比例也越大。雷达反射信号较为均匀能量较低,信号频率稳定,表明路基含水量正常,线路排水能力较好。

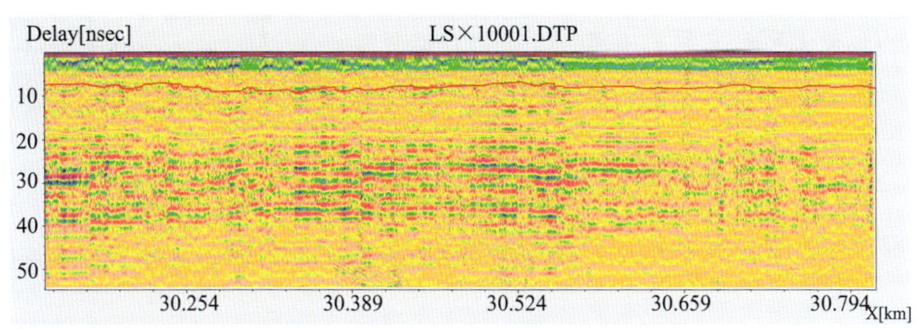

图 11.1.10—2 干燥基床雷达剖面

3 密实度不足

雷达剖面中波组不连续,频谱中表现为低频或极低频成分占主导地位。

4 基床表层厚度不足

项目管理机构应组织设计、施工、监理单位复查测试问题点,分析原因并制定整改和监控措施。线路运营一段时间后,对全线路基进行定期雷达检测,通过周期性的动态检测掌握路基及道床的状况及变化趋势。

11.1.11 路基及过渡段动力性能测试

动车组不同速度通过时,被测高路堤、路堑、路涵过渡段、路桥过渡段和路隧过渡段最大动变形分别小于限值,说明路基及过渡段在列车动荷载作用下不会产生塑性累积变形;若出现指标超限,项目管理机构应组织设计、施工、监理单位分析原因并制定整改和监控措施。

11.1.12 桥梁动力性能测试

1 实测桥梁横、竖向自振频率;竖向挠跨比;梁端竖向转角不满足《高速铁路设计规范》限值和设计值要求。

2 实测梁体跨中挠度动力系数和应变动力系数大于运营动力系数;实测桥梁竖向动力作用大于设计荷载的竖向动力作用。

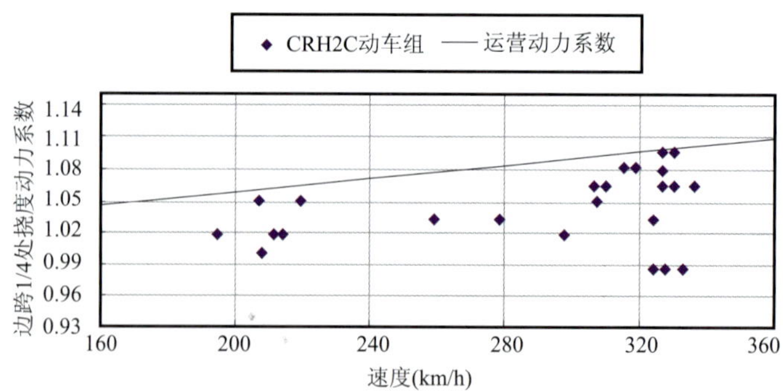

图 11.1.12—1 梁体挠度动力系数与运营动力系数关系

3 实测梁体跨中竖向、横向振幅，墩顶、梁端横向振幅大于《桥检规》中通常值相关规定。

4 实测桥梁竖向振动加速度最大值不满足《客运专线铁路工程竣工验收动态检测指导意见》、《高速铁路设计规范》要求。

5 实测梁缝两侧钢轨支点间最大横向相对位移不满足《客运专线铁路工程竣工验收动态检测指导意见》、《高速铁路设计规范》要求。

6 动车组在高速铁路典型桥梁上通过时，安全性指标（脱轨系数、轮重减载率、轮轴横向力）不满足《客运专线铁路工程竣工验收动态检测指导意见》要求；竖向、横向平稳性指标不满足《客运专线铁路工程竣工验收动态检测指导意见》要求。

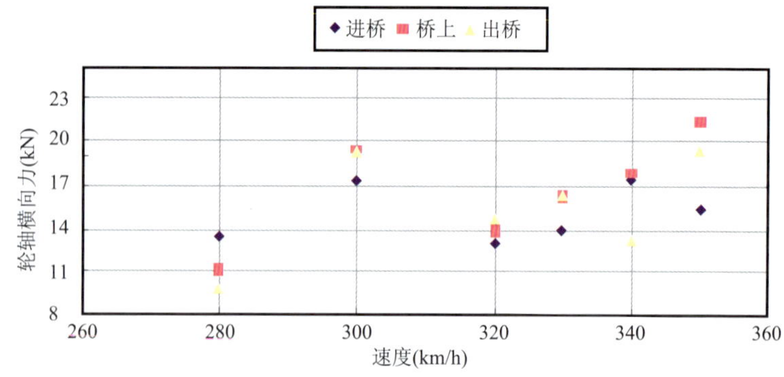

图 11.1.12—2 动车组过桥时轮轴横向力变化图

7 出现指标超限时,项目管理机构应组织设计、施工、监理单位分析原因并制定整改和监控措施。

11.1.13 隧道内气动效应测试

1 动车组通过时隧道出口内 120 m 处瞬变压力 3 s 变化极值最大值不满足相关标准要求。

2 动车组通过时隧道洞口外 20 m 处微气压波最大值超过参考限值。

11.1.14 列车空气动力学测试

交会时,动车组车内外压差最大值、车内压力变化 3 s 最大值不满足相关标准要求。

11.2 问题库遗留的问题

11.2.1 问题整改原则

1 问题库遗留的问题主要是指暂不影响联调联试的质量安全问题,应在初步验收前整改完成。对确实无法达到设计文件和质量验收标准要求的,应由设计单位进行检算或委托专业机构检测评估,确认影响程度及整改措施。

2 静态验收中,各专业验收组应对发现的质量安全问题按影响动态验收和行车安全、不影响动态验收和行车安全进行分类。

3 项目管理机构应对静态验收和联调联试经验收各方共同签认存在的问题总负责,并督促整改责任方在规定的时间内完成整改工作。

4 所有问题的整改必须经验收工作组或其委托单位现场复验确认。

11.2.2 主要遗留的问题及处理

11.2.2.1 主要遗留问题

1 工务方面:限高架、防落梁装置未安装,隧道衬砌裂纹未处理完成,路基、站场地段排水不畅,精测网 CPⅡ、CPⅢ部分桩点现场缺损、开通前未进行复测,技术资料未完全交付。

2 通信信号方面:信号、电力电缆交叉,信号电缆和接触网支柱综合接地端子跨接线同沟,机房未配备两路电源,轨道电路分路不良,视频监控、会议、动力环境监控系统未全部开通,防雷工程未组织专项验收，RBC 维护界面汉化工作未完成，竣工资料不全。

3 机务方面：动车所限速、一度停车等标志不全，技术资料未交付。

4 供电方面：牵引变电所第二路电源未引入，牵引变电所继电保护装置定值调整未完成，故障点标定值误差较大，CPⅢ精测桩、声屏障影响接触网补偿装置坠砣的自由升降和隔离开关操作机构箱门的正常开关，供电线电缆未分线、分缆、分槽，防抛网未安装，上网点的电缆井设计未考虑排水，电缆井积水，信号点供电可靠性不高，变电所亭值守条件不具备。

5 信息方面：车站火灾自动报警系统（FAS）及机房消防设施未安装到位；办公和公安管理信息系统设备未安装。

6 车务方面：行车监控室内计算机联控显示屏与 CTC 车务终端方向显示不一致，技术设备资料不准确。

7 客运方面：地道、雨棚渗水，电梯和自动扶梯安装未通过专项检测，站前广场、公交场站、通站道路等地方配套设施影响客服设施安装、调试和旅客运输组织，盖板铺设不平、有缺损，应急通道口紧急疏散时无法及时打开。

8 治安消防方面：防护栅栏存在隐患，防护围墙未施工完毕。

11.2.2.2 主要遗留问题的处理

1 铁路局业务部门应加强日常监督检查，及时发现、解决影响安全的隐患和问题。安监部门应切实履行安全监督检查的职责，严格事故和设备故障管理。

2 项目管理机构应组织施工、监理、设计单位对验收中发现的各类问题制定整改措施，落实责任部门和责任人，限期整改。

3 设备接管单位对影响行车安全的问题应督促整改到位，重视线路设备、移动设备、牵引供电和通信、信号、信息设备的养护维修工作。工务部门应加强对线路的动、静态检测，供电、电务部门应对接触网硬点、车载设备问题进行重点整治，对轨道分路不良处所开通前要进行全面整治。

4 设备管理、行车组织单位应建立健全规章制度，加强职工培训教育。

12 试验总结

12.1 一般规定

1 试验动车组上线之前，铁路局应会同项目管理机构、试验主体单位按照铁道部有关要求，确认试验动车组上线条件，向铁道部提报动车组上线申请。

1)联调联试前，行车组织安排应满足联调联试和运行试验有关要求。

2)铁路局应会同项目管理机构组织进行区间和车站限界检查，所有限界经过复测，无侵限现象，并经设备管理、行车组织单位签认。

3)联调联试前，道岔工电联整达到动车或检测车运行安全的要求。

4)联调联试前，应与地方电力部门做好供电协议签订，外部电源质量和可靠性满足要求。

5)所有设备必须经设备管理单位签认合格，供电方案安全有效，分相设置合理，送电前的接触网绝缘导通试验完成，符合送电安全要求。

6)送电前必须提前在电视台、网络媒体和沿线各地发布送电公告，做好接触网送电前的安全公告。

7)按标准进行接触网冷滑试验，完成试验报告。

8)牵引设备带电运行；送电后，进行热滑试验。

9)CTC、车站联锁、列控中心、轨道电路码序、应答器和无线闭塞中心工程化数据具备条件。

10)GSM-R 系统开通使用。联调联试前，电务试验车、轨检、网检结果符合《新建客运专线使用综合检测列车试验运行技术条件》(运技综合〔2009〕96 号文)有关规定。

11)联调联试前，线上及路肩上的机具、材料、轨料等应及时回收，严禁侵入铁路限界。

2 对联调联试前确实无法完成的路基附属、绿化、桥梁疏散通道等剩余工程，项目管理机构应组织施工单位制定推进计划，落实安全措施，抓紧实施。

3　对静态验收和动态检测出的问题，应由铁路局业务部门督促项目管理机构组织施工单位落实整改。

4　总里程较长的高速铁路，联调联试可按分区段实施的原则，减小试验和整治施工的影响，提高联调联试效果。

5　联调联试期间，每天试验前应实行安全检查确认制度，特别是对线路上的固定设备和移动设备的安全确认。

12.2　意见和措施

联调联试阶段，要突出重要接口，重点对轮轨关系、弓网关系、列车运行控制等方面进行联调联试。

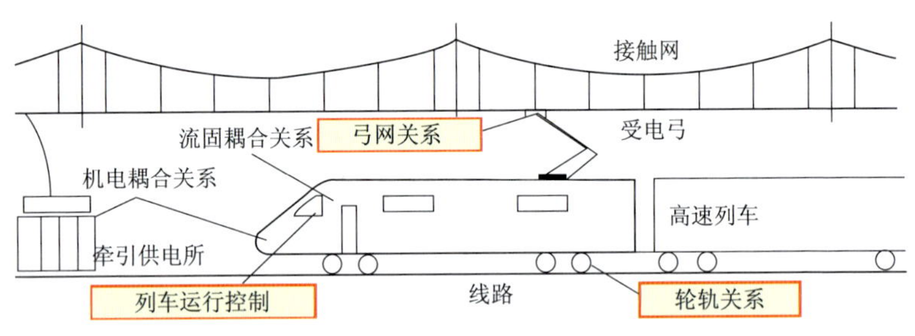

图 12.2　联调联试重要接口示意图

1　针对轨道不平顺Ⅱ级偏差和动车组动力学指标大值点，应分析成因，制定整治措施并及时整改，重点加强道岔区段整治。正式开通运营后，应坚持定期轨检，研究无砟轨道几何状态的变化规律，制定科学合理的养护周期和方法。

2　相关单位应对各测试区段接触网的大值点及燃弧次数较多区段进一步精调。

3　应对 GSM-R 电磁环境尚存在干扰的区段继续进行清频工作；对紧急呼叫建立时间统计值不满足标准要求情况进行分析；对仅打开奇数基站和偶数基站工作情况下传输干扰率指标不满足标准要求的问题进行综合分析，进一步优化网络；对调度通信系统存在的问题，应进行数据核查、修改和验证。

13 运营准备

13.1 动态验收

13.1.1 依据

1 国家有关法律、法规及相关标准。

2 经批准的初步设计文件(含批准的修改初步设计)。

3 审核合格的施工图(包括经批准的变更设计文件)。

4 经批准的可行性研究报告。

5 设备技术说明书;从国外引进新技术或成套设备的,外方提供的设计文件和新技术或成套设备的国家标准等。

6 工程承包合同。

7 铁道部颁布的规章制度、设计规范、工程施工质量验收标准、产品标准等。

8 工程静态验收报告及专家意见。

9 试验检测单位的动态检测试验报告。

13.1.2 组织机构和程序

1 组织机构

铁路局应成立动态检测试验领导小组,组长由铁路局局长担任,副组长由铁路局分管建设、运输、机务、工电等副局长及项目管理机构负责人担任,组员由铁路局业务部门、行车组织单位、设备管理单位和设计、施工、监理单位负责人组成。

领导小组下设现场指挥组、专业工作组(综合实验、运输组织、工务保障、电务保障、电力电气化保障、安全保障、综合保卫、现场协调、后勤服务组)。

2 程序

1)静态验收报告经铁道部专家组审查后形成审查意见,对验收工作做出评价,对工程的静态验收质量做出结论并提出建议。铁路局和项目管理机构根据专家组审查意见,组织整改。

2)铁路局制定动态验收检测实施方案,明确试验目的和试验方案。

3)按照试验大纲要求进行动态验收。

4)试验完成后,试验主体单位完成动态检测报告。

5)铁道部组织专家组对铁路局报送的动态验收报告进行评审。铁路局和项目管理机构应根据专家组审查意见,组织整改。

图 13.1.2—1 动态验收审查会

3 组织机构简图见图 13.1.2—2。

13.2 安全预评估

13.2.1 组织机构

1 安全预评估组

铁路局应成立安全预评估组,由分管安全副局长任组长,安监部门负责人任副组长,成员由总工程师室,运输、安监、客运、机务、工务、电务、车辆、建设、计划、劳卫、房生、职教、信息技术中心,调度所,铁路公安局等有关部门组成。负责安全预评估,提出结论和意见。

2 安全预评估专业小组

安全预评估组可设安全管理、规章制度、车务、客运、机务、供电、车辆、工务、通信、信号、信息、路外、劳安、治安消防、综合组等专业小组。

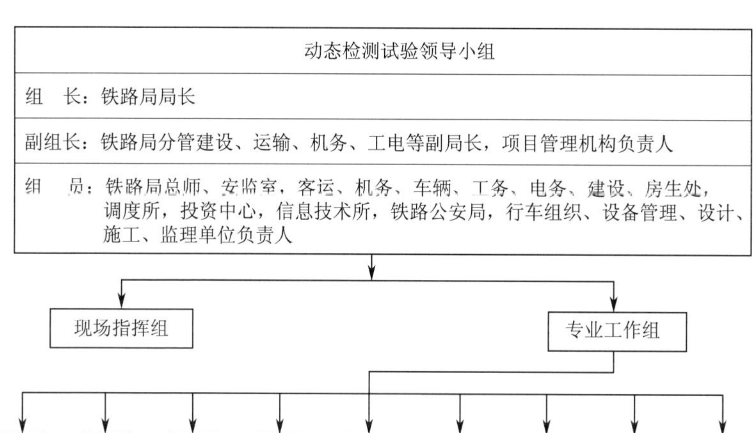

图 13.1.2—2 动态验收组织机构简图

安全管理组、路外安全组、劳动安全组和综合组组长单位为铁路局安监部门，规章制度组组长单位为铁路局总工程师室，车务组组长单位为铁路局运输部门，客运组组长单位为铁路局客运部门，机务、供电组组长单位为铁路局机务部门，车辆组组长单位为铁路局车辆部门，工务组组长单位为铁路局工务部门，通信、信号组组长单位为铁路局电务部门，信息组组长单位为铁路局信息技术中心，治安消防组组长单位为铁路公安局，计统、建设部门派员参加安全管理组，劳卫、职教部门派员参加劳动安全组。

3 组织机构简图见图 13.2.1。

13.2.2 程序

1 项目管理机构向铁路局提出安全预评估申请。

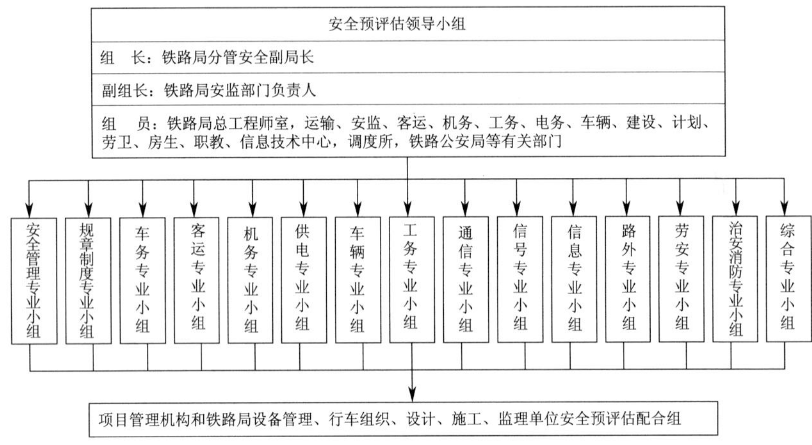

图 13.2.1　安全预评估组织机构简图

2　铁路局成立安全预评估组和专业小组，制定安全预评估方案。

3　专业小组对工程现场、设备状态、规章制度、人员管理、内业资料等全面检查。

4　专业小组填写“评估表”，每个成员签字。

5　专业小组完成“预评估分报告”，组长签字。

6　专业小组对预评估期间发现的所有问题，建立问题库。

7　安全预评估组会审预评估分报告，形成安全预评估报告。

13.2.3　范围

1　全线固定设备、移动设备、安全设施、客服设备设施和信息系统等主要行车设备设施。

2　设备管理、行车组织单位的安全管理及开通运营准备情况。

13.2.4　检查重点和要求

1　主要行车设备：机车车辆、线路、站场、桥隧、通信、信号、信息系统、给水、供电、车辆红外线设备等经验收符合国家（铁道部）标准；技术资料齐全；新引进的设备、设施，设计、制造或施工单位已经提供准入证、产品合格证、技术标准和产品使用说明书；试验设备除提供技术标准和产品使用说明书外，应有铁道部批准文件。

2 主要安全设施：ATP、LKJ数据，防灾安全监控系统，信号、通信，信息系统避雷装置；救援、消防、三品检查设备、备用电源、电器设备安装（配备）符合铁路行业标准或采用国家定型设备，技术资料齐全；代维修（租用、借用）协议已签定；安全设施的设计和制造单位已提供准入证、产品合格证、技术标准和产品使用说明书；试验设备除提供技术标准和产品使用说明书外，应有铁道部批准文件。

3 铁路局和设备管理、行车组织单位已经建立了行车组织办法、运输组织方案、列车运行图技术资料、作业标准、应急及救援预案等规章制度，违反《技规》、《行规》内容经铁道部、铁路局审核批准。

4 公司、设备管理、行车组织单位已经设立专门的安全管理机构，制定了有关安全管理制度、办法、措施、标准，管理人员到位。

5 设计对不符合现行规章的项目（包括设计缺项、漏项）已经提供变更设计或提供确认书。

6 变更设计资料完整、程序规范。

7 已配备客车乘警人员及巡线、“三品”检查保安人员。

8 主要行车工种、作业人员配齐并经岗前培训合格，持证上岗。

9 已签订委托运营协议。

10 已展开路、内外安全宣传，安全警示标志齐全。

11 主要桥隧已建立了看守制度。

12 客货票据库（票房）及现金存放场所安保设施齐全。

13 铁路安全保护区边界标桩已设置、确认。

14 铁路安全保护范围内影响铁路运输安全的企业和设备设施已经迁移，威胁铁路运输安全的作业已经永久停止。

15 劳动保护、卫生防疫、环境保护设备设施实现三同步。

16 影响铁路运行安全的环境资料已收集齐全，并采取了针对性预防措施。

17 主要行车设备、安全设施已完成纠缺。

18 已建立车机联控标准。

19 客站具备旅客乘降设施设备和安全设施。

13.2.5 各单位需要准备的资料

1　项目管理机构

1)建设项目简介及业绩报告。

2)线路自然概况。

3)基本行车设备及技术档案:项目建设及交验情况、工程验收交验文件、正式验收报告;铁路竣工里程图、车站平面图、行车设备情况。

4)开通运营申请或批复。

5)公司、设备管理、行车组织单位的安全管理机构、安全管理制度、安全信息管理网络。

6)公司安委会、安全例会制度等资料。

7)初步、变更设计及批复。

8)安全责任制、岗位职责建立情况。

9)安全检测装备及管理制度建立情况。

10)开行旅客列车的基本规章、作业标准、非正常行车管理措施建立情况。

11)铁路交通事故应急处置预案建立情况,铁路交通事故救援安全协议签定情况。

12)铁路交通事故、设备故障调查处理实施细则、铁路交通事故救援机构和组织建立情况。

13)对委托铁路局设备管理、行车组织单位实施运输安全监督检查、安全考核办法建立情况。

14)对受委托经营管理行车组织单位的规章、制度汇总,下达情况。

15)初验和工程遗留有关安全问题整改解决情况。

16)全线水文资料、地质灾害评估报告以及针对资料、评估报告所制订的应急处置预案、防洪预案建立情况。

17)事故管理制度、建设期各类台账及统计、分析。

18)环保、劳保工程完成情况,劳动保护、卫生防疫、环境保护设备设施实现情况。

19)铁路安全保护区边界标桩设置、确认情况。

20)铁路安全保护范围内影响铁路运输安全的企业和设备设施迁移情况。

21)重大危险源及安全隐患问题库建立情况。

22)路外安全综合治理各有关安全协议建立情况,安全宣传开展情况和主要看守桥隧情况。

23)全员业务培训、业务素质,持证上岗情况。

24)委托运营管理、运输安全管理、安全责任协议签定情况。

25)安全信息网络及安全管理平台建立、安全信息传递制度和渠道情况。

26)联调联试期间发现问题的整改。

2　运输(含调度所、客运)系统

1)运输组织机构及人员到岗、培训和持证上岗情况。

2)客运设备、设施情况。

3)三品检查设备配备情况。

4)安全管理机构设置情况。

5)相关规章制度和安全生产制度建立、准备情况。

6)施工安全控制体系(天窗作业)建立情况。

7)办理行车和客运的机构设置和人员到位、培训及必要设施准备情况。

8)劳动保护、卫生防疫、环境保护设备设施到位情况。

9)路外安全宣传开展情况。

3　设备管理单位

1)站前、站后工程主要行车设备经验收符合国家(铁道部)运行标准情况和技术资料交接情况及设备清单。

2)设计、制造或施工单位已提供新引进设备、设施准入证、产品合格证、技术标准和产品使用说明书;试验设备除提供技术标准和产品使用说明书外,应有铁道部批准文件。

3)所需要提供的设备设施及保安全设施情况清单。

4)设备及安全设施符合铁路行业标准或采用国家定型设备情况和技术资料收集情况。

5)地质灾害评估、铁路防洪预案和地质灾害应急预案。

6)安全管理机构设置情况。

7)相关规章制度和安全生产制度建立、准备情况。

8)施工安全控制体系(天窗作业)建立情况。

9)非正常及开通时的安全措施。

10)设备维修组织机构及人员到岗、培训和持证上岗等方面的情况。

11)主要看守桥隧情况。

12)主要行车设备、主要安全设施存在的缺陷整改情况。

13)劳动保护、卫生防疫、环境保护设备设施实现情况。

14)线路安全警示标志已设置。

15)线路安全保护区标桩设置、确认。

4 铁路公安局

1)路外安全宣传情况。

2)警示标志设置情况。

3)消防及铁路沿线治安环境情况报告。

4)人员素质、安全管理等方面的情况。

5)安全管理机构,职责,专、兼职管理人员到位情况。

6)主要桥隧看守和巡线情况。

7)劳动保护和公安必须装备设备设施发放实现情况。

8)安全信息网络、安全管理平台、安全信息传递制度和渠道等情况。

5 铁路局业务部门

1)规章制度、管理机构、人员健全、到位情况。

2)行车组织办法和相关的技术设备管理制度、标准或作业办法制定情况。

3)规章制度、作业标准体系完善情况和规章制度、作业标准发布会签制度执行情况。

4)各专业系统行车安全管理办法及安全管理有关文件目录建立情况;安全管理职责、制度、方式明确情况。

5)段细、站细和站段制订的规章制度、作业标准审批制度执行情况。

6)维修作业一体化管理的推进实施情况和维修作业效率情况。

7)设备的维修手段、修程修制创新情况和设备质量适应运营安全需要情况。

8)工务、电务、供电单位的接供电作业车、轨道车、工程车等设备实施投入与保障情况。

9)应急救援的预案制定情况和专业实作演练情况及综合演练情况。

10)队伍建设情况,系统内人员管理干部、技术人员和职工到位和培训情况。

6 结论

根据预评估分报告的意见,安全预评估组认为:建设工程已经完成,通过了静态、动态验收,符合工程验标和设计要求,基本规章及应急预案已建立,作业人员经培训已持证上岗,具备初步验收条件。

13.3 初步验收

13.3.1 依据

1 国家有关法律、法规及相关标准。

2 经批准的初步设计文件(含批准的修改初步设计)。

3 审核合格的施工图(包括经批准的变更设计文件)。

4 经批准的可行性研究报告。

5 设备技术说明书;从国外引进新技术或成套设备的,外方提供的设计文件和新技术或成套设备的国家标准等。

6 工程承包合同。

7 铁道部颁布的规章制度、设计规范、工程施工质量验收标准、产品标准等。

8 工程的静态验收报告及专家组评审意见。

9 工程的动态验收报告及专家组评审意见。

10 铁道部质量安全监督总站地区监督站出具的铁路工程《质量安全监督报告》。

13.3.2 组织机构和程序

1　组织机构

初步验收由铁道部负责组织，成立初步验收委员会。

图 13.3.2　初步验收会议

2　程序

1)铁道部专家组评审静态和动态验收报告，评价验收工作。

2)铁道部工程质量安全监督总站出具质量安全监督报告。

3)初步验收委员会出具验收结论。

13.4　安全评估

13.4.1　依据

1　《铁路建设项目竣工验收交接办法》(铁建设〔2008〕23 号)。

2　《铁路客运专线竣工验收暂行办法》(铁建设〔2007〕183 号)。

3　《合资铁路与地方铁路行车安全管理办法》(铁道部令 5 号)。

4　《合资铁路和地方铁路开行旅客列车安全评估办法(暂行)》(铁安监〔2005〕8 号)。

5　《新建铁路项目安全评估暂行办法》(铁安监〔2008〕53 号)。

13.4.2　组织机构

安全评估由铁道部负责组织，成立安全评估组。

13.4.3　条件

1　基础工程设备设施经初步验收合格，达到安全运营的标准。

2 初步验收中存在的影响运营安全的问题全部得到解决。

3 运营(临管运营、试运营)的各项准备工作已经完成。

4 铁路局组织的安全预评估合格。

13.4.4 程序

1 铁路局向铁道部提出安全评估申请。

2 铁道部成立安全评估组和若干专业小组,制定安全评估方案。

3 评估小组现场实地安全评估检查。

4 形成安全评估报告。

13.4.5 范围

同13.2.3。

13.4.6 检查的重点和要求

同13.2.4。

13.4.7 各单位需要准备的资料

同13.2.5,增加安全预评估问题库及整改落实情况展开表。

13.5 运营申请

13.5.1 申请时间

在向铁道部提出安全评估的同时,可申请全线开通运营。

13.5.2 开通条件

1 通过静态验收。

2 通过联调联试、运行试验和动态验收。

3 通过初步验收。

4 通过安全预评估和安全评估。其中对影响运营安全的问题必须在开通前整改完毕,对于一时难以完成的整改问题,必须制定并落实可靠的安全保证措施。

13.5.3 同意运营开通

铁道部发文批准高速铁路开通运营。

14 系统完善

14.1 目 的

系统完善是对工程建设中遗留的问题或新发现的问题的完善，包括设计和施工等方面存在不足需进一步补强的工程，使轨道结构、无线列控、牵引供电、调度指挥、客服等系统状态和性能得到优化。

14.2 内 容

14.2.1 工务

1 项目管理机构应组织施工单位尽快整改或委托设备管理单位完善遗留问题，如：桥梁附属工程钢结构油漆达不到要求；部分箱梁泄水管安装不规范，运营以后脱落、漏水；部分梁缝间存在止水带破损，漏水；部分桥面栏杆伸缩装置安装不到位；部分声屏障底座螺栓未做渗锌处理；部分桥梁地段电缆槽盖板存在座浆不实，容易翻动；路基水沟盖板施工不规范等。

2 由于地方负责实施的U型槽等规划道路未能同步完成，规划下穿立交积水现象严重，存在人员溺水的隐患。应架设警示标志，增设防护设施，督促地方抓紧实施。

3 公跨铁桥防抛网安装不规范，项目管理机构应组织施工单位、联系产权单位进行处理，重新修整。既有公跨铁桥梁梁底木模板未清理干净，项目管理机构应协调相关单位尽快清理。

4 完善路基排水设施功能，以阻、疏、排、护为要旨，采取综合措施，最大限度降低水害对线路的影响。项目管理机构组织设计、施工单位会同工务设备管理单位共同现场调查，研究优化方案。

5 完善安全防护措施，如加高路基栅栏，紧急疏散通道入口安装防爬装置。

6 工务设备管理单位应按期进行沉降观测，对沉降异常地段组织相关单位查明原因，采取必要措施。

7 对未完的工程项目,如无缝线路位移观测桩、线路标志、标记、铁路安全保护区标志、标牌和地界桩等,项目管理机构应组织施工单位尽快完成或委托设备管理单位实施。

8 项目管理机构应组织施工单位及时移交竣工资料。

9 对设计需要进一步优化的项目,如:连续梁主墩无检查设备,桥下无专用检查通道,缺少进入箱梁的检查梯等的问题,设计需要进一步研究优化。

14.2.2 通信、信号

1 整治车站通信机房存在问题,如:静电地板质量较差,铺设不平整、地板下沉;机房内没有踢脚线;机房的窗户不密封;机房内空调管道存在冷凝滴水现象;电力线引入通信机房内未安装走线槽;消防设备(灭火器)直接放在静电地板上,需安装在静电地板下等。

2 整治车站信号机房、信号楼存在问题,如:信号机房、信号工具间静电地板起拱、下陷、不平整;信号机房空调主机与站房共用,造成站房制热时机房不能制冷的情况,危及信号设备使用安全;各站信号电缆引入间无静电地板、照明、吊顶;信号楼机房门为木制防火门需更换为防盗门等。

3 对各站列控、微机监测测试数据进行校准,其中移频轨道电路电压需要在列控进行校准;其余如电缆绝缘、漏流等监测项目,重新校准。

4 桥下到机房上墙部分电缆需进一步防护;线路上 X、XF 信号机位置贯通地线需要贯通。

5 完善通信、信号系统,如 GSM-R 网络清频不彻底。

14.2.3 电力、电气化

1 整治设备存在的问题,如:各个车站通信机房接线铜排接线混乱,信号开关容量不匹配;各所进线电源、贯通与地方电源之间存在较大的角差;无功补偿装置还未投入运行,各所力率较低;各所存在总受电回路的电流值与各分回路电流值的和相差较大;部分回路的有功功率值为负值等问题。

2 整治通信组网方案不达标的问题,通信专业提供的不是站到站的服务，而是接口与接口的报务，不能给供电运营单位提供真正意义上的网络服务。

3　完善接触网系统，解决弓网性能不匹配等问题。

14.2.4　站房

1　完善站房内客运设施，如站房的空调系统未经历满载运行，制冷能力不足。

2　完善自动扶梯、垂直电梯的设备性能，解决运营不稳，故障多等问题。

3　及时处理旅客地道渗漏水和水泵故障多等问题。

14.2.5　其他

1　完善设备设施，如道岔融雪装置、缺口视频装置。

2　完善客服系统，如高峰期平均通过率不足。

3　加强桥下未封闭地段的管理，清理桥下的安全隐患，防止倾倒渣土、违规抽取地下水、违章建筑等危及行车安全的情况发生。

14.3　实　　施

14.3.1　过渡期工作

铁路局应在开通运营过渡期间实行调图合署办公制度，可自开通运营之日起向后延续一个月，特殊情况考虑适当延长。

14.3.1.1　组织机构

铁路局运输部门组织，客运、机务、车辆、工务、电务、建设、房生处和信息所、投资中心、铁路公安局、项目管理机构及施工单位参加。

14.3.1.2　主要职责

1　掌握运输生产情况，畅通信息渠道，强化结合部管理。

2　动态掌握设备情况，及时处置设备故障，协调处理运营初期存在的问题。

3　遇有突发事件、铁路交通事故和设备故障，按照铁路局有关规定及时启动应急预案，协调配合，快速处置，减少对运输秩序的影响，确保调图顺利实施和平稳过渡。

14.3.1.3　工作制度

1 应设专门办公室，集中办公，实行日例会制度。每日上午8:00召开碰头会，通报动车组运营和出入库情况，反馈各类问题的解决措施，对新出现的问题落实责任单位(或部门)；下午16:00铁路局组织设备管理、行车组织单位召开电视电话会，总结一天运营情况。

2 负责运营的业务部门人员应在调度所盯控，及时协调处理运营中碰到的各类问题。

3 合署办公人员应熟悉作业流程，掌握工作要点、关键环节，加强信息沟通。

14.3.1.4 工作内容

1 铁路局运输部门组织合署办公工作，通报动车运营情况，对存在的设备问题进行统计和销号，协调处理运营中突发问题，确保动车组运行安全和正点。

2 铁路局客运部门应成立工作指导组，指导做好新站开站工作，对客票发售系统和预订系统的使用和维护进行管理，对客运设施使用情况进行盯控，协调处理客运问题，确保动车组乘务和车站运营秩序良好。

3 铁路局机务部门负责动车组司机的培训、管理、机车的调配和运用，对监控装置、供电给水设备运用进行管理，协调处理机务方面有关问题，确保动车组运行良好。

4 铁路局车辆部门负责提报动车组配置计划，制定配属方案，协调处理动车车辆问题，确保动车组技术状态良好和正点出入库。

5 铁路局工务部门负责线路、桥梁设备维护，保证综合维修工区线路正常使用，协调工务问题，确保轨道状态符合设计规定。

6 铁路局电务部门负责通信、信号、列控系统、CTC、车载LKJ等电务设备运用良好，协调电务段、通信信号厂家处理电务设备问题。

7 铁路局建设部门负责对运营中发现的不足组织项目管理机构、设计、施工、监理单位进行完善。

8 铁路局房生部门负责房屋建筑物设备专业管理。

9 铁路局信息所负责信息通道畅通，对影响信息畅通的设备硬件和软件问题及时进行处理。

10 铁路公安局负责沿线的治安、保卫、宣传工作，对动车运营中遇到的治安事件及时进行处理。

11 项目管理机构负责组织实施新增工程。

14.3.2 质量回访

为进一步加强工程建设质量管理，建立工程质量长效监督管理机制，项目管理机构应建立工程质量回访制度。

1 质量回访的组织：由项目管理机构牵头，设计、监理、施工单位参加。

2 质量回访的时间：可以是定期或不定期的，一般是工程竣工验收后半年内应回访一次。

3 质量回访的对象：铁路局各有关业务处室，调度所，工务、电务、供电设备管理单位，行车组织、客运组织单位等。

4 质量回访的方法：专题会议、现场走访等。

5 在质量回访前，项目管理机构应精心组织策划，确定参加回访的部门和人员、回访对象和内容，编写回访提纲，联系回访对象，提出回访要求，做好回访安排。

6 在质量回访过程中，针对回访对象提出的问题，认真作答，能现场解决的现场解决，不能现场解决的，做好解释工作，将问题整理后进一步研究，及时将处理结果反馈回访对象。

7 每次质量回访应形成书面记录，必要时将回访记录提交被回访单位，建立工程回访档案。

8 项目管理机构应将工程参建单位参加回访及落实项目管理机构回访要求的情况都列入该参建单位的信用评价；参建单位未落实质量回访要求的，不予支付工程质量保证金。

15 工程实例

15.1 合宁铁路

15.1.1 工程概况

新建合宁铁路客运专线位于沪汉蓉快速通道的东段，连接南京～合肥两省会城市。自合肥铁路枢纽三十里铺站引出，由西向东经安徽省的肥东县、巢湖市、全椒县，至江苏省南京市，于京沪线既有永宁镇站接入南京铁路枢纽，跨越安徽、江苏两省四县市（区），沿线设肥东、巢北、黄庵、全椒四个车站。设计旅客列车最高运行速度 200 km/h，正线线间距、限界、桥涵、隧道结构物预留提速 250 km/h 条件；货车最高运行速度 120 km/h；限制坡度 6‰；最小曲线半经 4 500 m；到发线有效长度 850 m，预留 1 050 m；双线电气化铁路。全线建筑长度 166 km（合肥至南京区间正线长 133 km），其中安徽省境内 119 km，江苏省境内 47 km，全线 200 km/h 区段 96 km。

15.1.2 重要节点

2004 年 12 月 28 日，工程试验段开工建设。

2005 年 7 月 19 日，合宁铁路全线开工。

2007 年 12 月 10 日～12 月 28 日，上海铁路局组织合宁公司、各参建单位和设备接管单位完成了静态验收工作。

2008 年 1 月 10～17 日，铁道部站前、站后专家组评审通过了静态验收。

2008 年 1 月 17～30 日，铁道部组织完成了货物列车和普通客车的动态检测试验工作。

2008 年 3 月 31 日～4 月 1 日，上海铁路局组织利用铁道部轨道检测车、弓网检测车对合宁线线路、接触网等设备进行动态检测。

2008 年 4 月 2 日～5 日，上海铁路局组织利用铁路局 CRH1-14 号动车组对合宁全线线路、C-2 系统进行了检测，最高试验速度达到了 200 km/h。

2008 年 4 月 7～9 日，铁道部 10 号动车组综合试验车进行第二阶动态检测试验工作，最高试验速度达到了 282 km/h。

2008 年 3 月 27 日，铁道部成立合宁铁路竣工验收工作专家组。

2008 年 4 月 11～12 日，组织合宁铁路工程初步验收，工程 100％合格，一次通过初步验收。

2008 年 8 月 1 日，合宁铁路客运专线全线开行时速 250 公里动车组列车。

15.1.3　文件汇编

1　铁道部《关于〈合宁铁路联调联试及检测试验大纲〉的复函》（运技运营〔2008〕39 号）

2　铁道部科技司、运输局《关于合宁线信号系统联调联试试验大纲的批复》（运基信号电〔2008〕243 号）铁路电报

3　上海铁路局《关于合宁铁路开通运营的通知》（上铁运函〔2008〕421 号）

15.2　合武铁路

15.2.1　工程概况

新建合武铁路客运专线位于安徽省中西部、湖北省东部，属规划中沪汉蓉快速通道的中段，连接合肥～武汉两省会城市，穿越京九铁路和大别山腹地并经六安、麻城二个地级市，是沪汉蓉通道的重要组成部分。线路全长 356 km，其中上海局管内 212 km。合武铁路（安徽段）设有 10 个车站，其中合肥、桃花店、合肥西、长安集、六安 5 个为既有站，新增南分路、独山、金寨、天堂寨、墩义堂 5 个车站。动车组试验列车最高运行速度为 250 km/h；货车最高运行速度 120 km/h，轨检车测试最高速度为 160 km/h。线路技术标准为国铁Ⅰ级。上海局管内 212 km 中：路基段共 112.3 km，桥梁 112 座，总长 54 599 m（其中特大桥 30 座，计 39 639 m；大桥 50 座，计 13 455 m；中桥 19 座，计 1 515 m），隧道 26 座 45 677 延长米，其中 6 km 以上隧道 2 座 18 502 延长米（均为无碴隧道），3～6 km 隧道 3 座 12 729 延长米。全线设 10 kV电力贯通线、10 kV 电力自闭线供电；接触网采用单相工频交流

制，带回流线的直接供电方式。

15.2.2 重要节点

2005年7月16日，全线正式开工。

2005年8月，作为全线控制性工程金寨隧道先建段工程开工。

2005年10月，安徽段线下工程正式开工。

2007年12月，全线隧道全部贯通。

2008年11月11日～12月25日，通过静态验收。

2008年12月5日～12月26日，铁道部客专部、工管中心、铁科院会同上海铁路铁路局，共同组织了动车组、货物列车和轨检车的动态验收和检测试验工作。

2008年12月28日，通过初验报告。

2008年12月31日～2009年3月31日，开行货运列车。

2009年4月1日，合武铁路客运专线全线开行时速250公里动车组列车。

15.2.3 文件汇编

1 铁道部客专系统集成办公室《关于〈合武铁路联调联试及检测试验大纲〉的批复》(集成函〔2008〕25号)

2 上海铁路局《关于加强合武铁路(安徽段)联调联试安全管理工作的通知》(上铁建函〔2008〕1757号)

3 上海铁路局《关于公布〈合武铁路安徽段联调联试运输组织指导方案〉的通知》(上铁运函〔2008〕1735号)

4 上海铁路局《关于合武铁路验收及开通工作安排的通知》(上铁建函〔2008〕1569号)

15.3 甬台温、温福铁路

15.3.1 工程概况

新建甬台温铁路工程是国家铁路网规划“八纵、八横”中沿海通道“四纵、四横”快速客运网的组成部分，是国家“十五”期间的重点建设项目。北起于浙江省宁波市，经台州市，南至温州市，北端经萧甬线与沪杭、浙赣线连通、南端同金温线和正在建设中的温福线连接。甬台温铁路设计里程为宁波站至宁波东站出站端既有北仑支线电气化及增建二线，线路长度 8.27 km；自既有萧甬线宁波东站至温州地区新建温州南站出站端，线路长 274.12 km，正线全长 282.39 km。根据铁道部《关于东南沿海通道线名和里程体系的设置意见》(铁运函〔2009〕253 号)，甬台温铁路线路名称为“杭深线”，对应下行线起止里程为 K313＋000～K595＋380.137。沿线分别设置宁波、宁波东、奉化、宁海、三门、临海、台州、台州南、温岭、雁荡山、绅纺、乐清、永嘉、温州、温州南 15 个车站，其中台州南、温州南为货运站。设计旅客列车最高运行速度 200 km/h，预留 250 km/h 提速条件；货车最高运行速度 120 km/h；双线电气化铁路，建筑限界满足双层集装箱列车开行条件。

新建温福铁路浙江段位于浙江省温州市，线路北端往西经金温线与浙赣线相通，往北延伸经甬台温与萧甬线相连，往南与温福铁路福建段相连，是连接长江三角洲、闽东南经济区和珠江三角洲最便捷的通道，也是浙江省与福建省省际间直接联接的重要径路。温福铁路浙江段正线全长 69.209 km。根据铁道部《关于东南沿海通道线名和里程体系的设置意见》(铁运函〔2009〕253 号)，温福铁路浙江段线路名称为“杭深线”，对应下行线起止里程为 K595＋380.137～K664＋588.631。沿线分别设置瑞安北、瑞安、鳌江、苍南四个车站，其中瑞安北站为军事接轨站，瑞安、鳌江、苍南均为客货运站。设计旅客列车最高运行速度 200 km/h，预留 250 km/h；货车最高运行速度 120 km/h；双线电气化铁路。

15.3.2　重要节点

2005 年 10 月份，甬台温、温福铁路开工。

2009 年 4 月 21 日～2009 年 7 月 11 日，温福铁路子项目工程静态验收合格，完成项目初验。

2009 年 7 月 22 日，铁道部客专部、工管中心、铁科院，会同铁路局组织了货物列车和轨检车的动态试验，完成货物列车运行的动态验收工作。

2009 年 8 月 17 日～24 日 CRH2-010A 综合检测列车完成全线拉通试验，8 月 31 日形成了《新建甬台温铁路工程动态验收报告》

2009 年 9 月 11 日～12 日，通过初步验收。

2009 年 10 月 1 日，甬台温、温福铁路全线开行时速 250 km 动车组列车。

15.3.3 文件汇编

1 铁道部《关于甬台温铁路联调联试及检测试验大纲的批复》(铁集成函〔2009〕345 号)

2 铁道部《关于温福铁路联调联试及检测试验大纲的批复》(铁集成函〔2009〕344 号)

3 铁道部《关于武广、郑西客运专线和甬台温、温福铁路联调联试工作的通知》(铁运函〔2009〕790 号)

4 上海铁路局《关于申请沿海铁路(浙江段)联调联试检测试验的函》(上铁建函〔2009〕1093 号)

5 上海铁路局《关于公布温福铁路福建段联调联试运输组织配合方案的通知》(上铁建函〔2009〕946 号)

6 上海铁路局《关于申请沿海铁路福鼎至乐清段联调联试的函》(上铁建函〔2009〕999 号)

7 上海铁路局《关于对沿海铁路联调联试先进单位进行表彰的决定》(上铁建函〔2009〕1439 号)

8 上海铁路局《关于公布沿海铁路浙江段联调联试运输组织指导方案的通知》(上铁运函〔2009〕1120 号)

15.4 沪宁城际高铁

15.4.1 工程概况

沪宁城际高速铁路是长江三角洲地区城际客运铁路规划线网的主骨架，是城际线网宁－沪－杭－甬“Z”型主轴的重要组成部分。线路走向基本并行于既有沪宁铁路，起自上海(虹桥)，经昆山、苏州、无锡、常州、丹阳、镇江至南京，正线全长 300.209 km。沿线设上海、上海西、南翔北、安亭北、花桥、昆山南、阳澄湖、苏州园区、苏州、苏州新区、无锡新区、无锡、惠山、戚墅堰、常州、丹阳、丹徒、镇江、宝华山、仙林、南京共 21 个车站，其中南翔北、安亭北、花桥、昆山南、惠山五站为高架站，另预留车站 10 个。线路无砟轨道结构采用 CRTSⅠ型板型式。全线路基土石方 1 059 万方；桥梁 181 座 213.91 km(其中特大桥 66 座 203.992 km,大中小桥 115 座 10.757 km)，涵洞 193 座 4 265.4 横延米；隧道 5 座(含明洞 2 座)3.426 km；铺轨 694.965 km(其中正、站线铺轨 621.31 km、73.655 km)。铺道岔 250 组(其中无砟道岔 126 组，有砟道岔 124 组)。动车组最高检测速度 351.2 km/h,经过动态检测，沪宁城际铁路达到最高速度 350 km/h 的运行条件。

15.4.2　重要节点

2008 年 7 月 1 日,全线开工建设。

2010 年 2 月 1 日,全线开始铺轨。

2010 年 3 月,完成静态验收。

2010 年 4 月 8 日,轨道及接触网检测试验车上线运行。

2010 年 4 月 10 日～5 月 30 日,在铁道部指导下,上海铁路局和铁科院共同组织完成了沪宁城际铁路动态检测试验工作,动车组最高检测速度 351.2 km/h。其中:2010 年 4 月 10 日,动车组试验车上线运行;2010 年 5 月 2 日,动车组试验时速达到 300～350 km。最高试验时速达 351.2 km;2010 年 5 月 29 日,通信信号试验全部完成。

2010 年 5 月 30 日至 31 日,全线拉通试验。

2010 年 6 月 1 日至 6 月 10 日进行模拟、追踪、应急演练试验。

2010 年 6 月 10 日～11 日,通过初步验收。

2010 年 6 月 11 日至 6 月 30 日,动车组满图运行试验。

2010 年 6 月 30 日,通过铁道部安全评估专家组组织的项目安全评估。

2010 年 7 月 1 日,沪宁城际高铁一次性、全功能开通运营,开行时速 350 公里高速动车组列车。

15.4.3　文件汇编

1　铁道部《关于印发〈沪宁城际铁路联调联试及试运行试验大纲〉批复意见的通知》(铁集成函〔2010〕334 号)等文件

2　上海铁路局《关于公布沪宁城际铁路联调联试工作细则的通知》(上铁建函〔2010〕521 号)、铁路局《关于对沪宁城际铁路标准化评

定的通知》(上铁建函〔2010〕628 号)

3 上海铁路局《关于对沪宁城际铁路实行每日红、黄、白旗积分考核管理的通知》(上铁建函〔2010〕424 号)

4 上海铁路局《关于公布沪宁城际铁路联调联试及运行试验总体计划和运输组织指导方案的通知》(上铁运函〔2010〕439 号)

5 上海铁路局《关于沪宁城际铁路验收及开通工作安排的通知》(上铁建函〔2010〕272 号)

6 上海铁路局《关于公布沪宁城际 4 月 1 日联调联试剩余工程量推进计划安排的通知》(上铁建函〔2010〕271 号)

7 上海铁路局《关于提前介入沪宁城际铁路建设管理的通知》(上铁建函〔2010〕234 号)

8 上海铁路局《关于对沪宁城际铁路实行每日红、黄、白旗积分考核管理的通知》(上铁建函〔2010〕424 号)

9 上海铁路局《关于对沪宁城际铁路标准化评定的通知》(上铁建函〔2010〕628 号)

10 上海铁路局《沪宁城际铁路联调联试例会纪要》(第 1～96 期)

11 上海铁路局《沪宁城际铁路联调联试运输组织日计划》(第1～88 期)

15.5 沪杭高铁

15.5.1 工程概况

新建沪杭高速铁路自上海虹桥站引出,经七宝线路所、春申线路所、松江南、金山北、嘉善南、嘉兴南、桐乡、海宁西、余杭至笕桥线路所后,正线引入杭州东站(暂不开通),侧线经笕桥联络线引入杭州站(杭州东方向沪杭设计终点,暂不开通)。沿线新建松江南、金山北、嘉善南、嘉兴南、桐乡、海宁西、余杭共 7 个车站,其中余杭为高架站。正线道岔采用我国自主研发的无砟高速道岔,路基段采用长枕埋入式道床结构,桥上采用板式道床结构,线路无砟轨道结构采用 CRTSⅡ型板型式。全线新建正线线路长度 153.500 km,其中正线桥梁长度138.336 km,路基长度 15.164 km,路基占全线比例为 9.87%,全线路基均为路堤,均位于软土地区。正线共有特大桥 7 座，总长 137.645 km（其中高架站 1 座，总长 958.8 m）；中桥 8 座，总长 0.357 km；小桥 25 座，总长 333.83 m；涵洞 27 座，计 776.76 横延米。大中桥长度占线路总长 90.1%，同时在上海枢纽修建春申至上海南站联络线 10.09 km，在杭州枢纽修建笕桥至杭州联络线 3.5 km，配套工程为上海虹桥动车运用所。

15.5.2　重要节点

2009 年 4 月 15 日，全线开工建设。

2010 年 6 月 28 日，全线开始铺轨。

2010 年 7 月 25 日～8 月 31 日，完成静态验收。

2010 年 8 月 26 日、27 日，轨检车及动检车上线运行。

2010 年 9 月 1 日，沪杭高铁联调联试正式启动，在铁道部指导下，上海铁路局和铁科院共同组织进行动态检测试验工作，动车组第一天检测速度 330 km/h。

2010 年 9 月 3 日，动车组第三天检测速度超过 350 km/h。

2010 年 9 月 18 日，短路试验成功。

2010 年 9 月 23 日，联调联试结束，正式转入运行试验。

15.5.3　文件汇编

1　上海铁路局《关于公布确保实现沪杭客专 2010 年 10 月 1 日开通运营目标行动方案的通知》（上铁建函〔2009〕2266 号）

2　上海铁路局《关于对沪杭客专施工企业信用评价加分的通知》（上铁建函〔2010〕2 号）

3　上海铁路局《关于公布〈沪杭客专联调联试及试运行期间行车办法〉的通知》（上铁师发〔2010〕254 号）

4　上海铁路局《关于对沪杭客专实行每日红、黄、白旗积分考核管理的通知》（上铁建函〔2010〕964 号）

5　上海铁路局《关于开展沪杭客运专线建功立业竞赛评比活动的通知》（上铁建函〔2010〕965 号）

6　上海铁路局《关于沪杭客专验收及开通工作安排的通知》（上铁建函〔2010〕1040 号）

7 上海铁路局《关于公布沪杭客专联调联试工作细则的通知》(上铁建函〔2010〕1045 号)

8 上海铁路局《关于成立虹桥动车运用所(沪杭场)建设工程工作推进组的通知》(上铁辆函〔2010〕1055 号)

9 上海铁路局《关于公布〈沪杭客运专线联调联试及运行试验运输组织指导方案〉的通知》(上铁运函〔2010〕1148 号)

10 上海铁路局《关于对沪杭客专铁路标准化评定的通知》(上铁建函〔2010〕1149 号)

11 上海铁路局《关于公布沪杭客专联调联试前问题整改计划安排的通知》(上铁建函〔2010〕1204 号)

12 上海铁路局《关于申请沪杭客运专线动车组上线联调联试的函》(上铁建函〔2010〕1246 号)

13 上海铁路局《关于报送沪杭铁路客运专线动态验收检测实施方案的函》(上铁建函〔2010〕1247 号)

14 上海铁路局《关于报送〈新建沪杭铁路客运专线静态验收报告〉的函》(上铁建函〔2010〕1248 号)

15 上海铁路局《关于印发〈沪杭高铁联调联试期间安全管理办法〉的通知》(上铁建函〔2010〕1252 号)

16 上海铁路局《关于申请沪杭高铁正式开展联调联试的函》(上铁建函〔2010〕1293 号)

17 上海铁路局《关于加强沪杭高铁接触网送电安全管理工作的通知》(上铁建函〔2010〕1298 号)

18 上海铁路局《关于加快沪杭高铁静态验收剩余缺陷整改推进的通知》(上铁建函〔2010〕1299 号)

19 上海铁路局《关于做好沪杭客专工务专业全面介入和运营准备工作的通知》(工线函〔2010〕212 号)

20 上海铁路局《关于公布〈沪杭客运专线联调联试及运行试验期间施工组织规定(暂行)〉的通知》(上铁运函〔2010〕1160 号)

21 上海铁路局《关于公布〈沪杭客专联调联试及试运行期间行车办法〉的通知》(上铁师发〔2010〕254 号)

22　上海铁路局《关于印发〈上海铁路局沪杭客专联调联试及试运行期间停送电管理办法〉的通知》(上铁机发〔2010〕293 号)

23　上海铁路局《关于强化沪杭高铁联调联试期间动车组运用检修管理的通知》(辆动函〔2010〕197 号)

24　上海铁路局《关于公布沪杭城际高速铁路动车组列车试验运行方案安排的通知》(上铁运函〔2010〕1410 号)

25　上海铁路局《沪杭高铁联调联试例会纪要》

26　上海铁路局《沪杭高铁联调联试运输组织日计划》

参考文献

[1] 关于印发《高速铁路联调联试及运行试验指导意见》的通知(铁集成〔2010〕166 号).

[2] 关于印发〈铁路铁路客运专线竣工验收暂行办法〉的通知(铁建设〔2007〕183 号).

[3] 《客运专线铁路工程竣工验收动态检测指导意见》(铁建设〔2008〕7 号).

[4] 《关于认真做好高速铁路和客运专线铁路联调联试前提条件有关工作要求的通知》(铁建设〔2010〕67 号).

[5] 《客运专线铁路工程静态验收指导意见》(铁建设〔2009〕183 号).

[6] 《铁路客运专线技术管理办法(试行)》(200～250 km/h 部分)(铁科技〔2009〕115 号).

[7] 《铁路客运专线技术管理办法(试行)》(300～350 km/h 部分)(铁科技〔2009〕212 号).

[8] 《新建客运专线使用综合检测列车试验运行技术条件》(运技综合〔2009〕96 号文).

[9] 《关于加强客运专线工务工程专业静态验收工作的通知》(运基线路电〔2009〕1120 号).

[10] 《高速动车组整车试验规范》(铁运〔2008〕28 号).

[11] 《沪杭铁路客运专线动态检测报告》.

[12] 《沪宁城际铁路动态检测报告》.

[13] 《沪杭铁路客运专线联调联试及运行试验大纲》.

[14] 《沪宁城际铁路联调联试及运行试验大纲》.

[15] 《铁路建设工程标准化评定工作指南》(上、中、下册).